Elisabeth Schoft

Leiten auf Weiblich

ELISABETH SCHOFT

Leiten auf Weiblich

Finde dein unbändiges Potenzial.

Entdecke dein mutiges Herz.

Führe leidenschaftlich in die Weite.

Bibelstellen wurden nach folgenden Bibelausgaben zitiert:

Bibliografische Information der Deutschen Nationalbibliothek:
Die Deutsche Nationalbibliothek verzeichnet diese Publikation in der Deutschen Nationalbibliografie; detaillierte bibliografische Daten sind im Internet über http://dnb.d-nb.de abrufbar.

Umschlaggestaltung: Agentur 3Kreativ, Essen,
unter Verwendung von Fotos © Sarah Ganzer, Magdeburg
Lektorat: Anja Schäfer, Hamburg
Gestaltung und Satz: Magdalene Krumbeck, Wuppertal
Verwendete Schriften: Scala, Joana Sans Nova
Gesamtherstellung: Finidr s.r.o.
Printed in Czech Republic
ISBN 978-3-7615-6792-0 Print
ISBN 978-3-7615-6793-7 E-Book

www.neukirchener-verlage.de

INHALT

Für Anne und Rebecca.
Es ist ein Privileg, mit euch gemeinsam das Leiten zu lernen.

Für Michael.
Du bist ein Offizier, du kannst alles!

VORWORT

von Doris Lindsay

Diese Woche war ich zu einer Party von engen Freunden eingeladen, um den Geburtstag ihrer Tochter zu feiern. Die Tochter ist ein quirliger Teenager und eine wunderbare Tänzerin. Sie liebt es, eigene Choreografien zu entwickeln und sie zu tanzen – und sie ist wirklich sehr begabt darin.

Auf dieser Geburtstagsparty übernahm die Mutter das Zepter und leitete eine Tanzsession für alle Erwachsenen und Teenager, von denen die Mehrheit Jungs waren. Es wurde ziemlich wild. Wir alle tanzten und hatten Spaß. Nur eine aß noch auf dem Sofa: das Geburtstagskind. Sie war wahrscheinlich die Begabteste von uns allen und hätte locker eine tolle Tanzperformance hinlegen können. Wir alle waren bereit und warteten auf ihren Einsatz. Doch der kam nicht.

Als eher schüchterne Person, die sich immer wieder selbst hinterfragt, fand sie den Mut nicht, sich selbst zu exponieren. Sie lächelte nett, wippte mit dem Körper und zeigte, dass sie es toll fand, dass die anderen so mit Elan dabei waren. Doch frei war sie dabei nicht.

Die Mutter schaute mich an und flüsterte mir ein paar abgehackte Sätze ins Ohr: »Mangelnder Mut, Angst, einen Fehler zu machen!«

In diesem Moment realisierte ich einmal mehr, was Scham und mangelnde, gesunde Selbstwahrnehmung mit uns machen: Wir halten uns zurück. Wir sind nicht frei das zu tun, was wir tun könnten.

Dieses Buch beschreibt, dass wir uns nicht zurückhalten müssen: Wir dürfen Ambitionen haben. Wir dürfen uns einbringen. Wir dürfen schwach sein und Fehler machen. Wir dürfen die

Fähigkeiten, die wir haben, multiplizieren und verbessern – und das alles, damit wir das ehren, was Gott in uns hineingelegt hat!

Ich bin begeistert von dieser praktischen und lebensnahen Leiterschafts-Lektüre. Ich hätte gerne schon viel früher so ein Buch gehabt. Ein starkes Nachschlagewerk mit Themen, die das aufnehmen, was mich beschäftigt. Ein herausforderndes und stärkendes Werkzeug. Es ist definitiv ein Buch, das mich noch über viele Jahre begleiten wird.

Ich wünsche Ihnen, liebe Leserinnen und Leser, dass diese wichtige Lektüre eine Quelle wird, um mutig voranzugehen, frei zu sein, um Ihr volles Potenzial zu leben.

DORIS LINDSAY
Gründerin vom Leiterschaftsblog www.morethanpretty.net und Co-Leiterin von HopeTown in Südafrika, einer Gemeindegründung mit sozialem Engagement.

EINLEITUNG

Warum ich gerade keine Karriere mache, sondern einfach nur meinen Job

»Du hast eben Ambitionen«, sagte er, als wir über meine Beförderung sprachen, die erst ein paar Monate zurücklag. Nach zwei Jahren als Marketing-Managerin in einem Schweizer Verlag bot man mir im selben Basler Unternehmen den Posten der Abteilungsleiterin für Presse und Marketing an. Nun war ich zu Besuch in meiner Studienstadt Mainz und schlürfte in einem netten Café hausgemachte Limonade. Mit Blick auf den Dom sprach ich mit zwei Freunden darüber, warum es so wenig Frauen in Führungspositionen gibt und dass damit einer ganzen Generation die weiblichen Leitungsvorbilder fehlen – allen voran mir. Doch so, wie dieser Freund meine neue Leitungsposition als »Ambition« abstempelte, klang das wie ein Vorwurf. Der Gedanke ließ mich nach unserem Gespräch lange nicht los: Hatte ich wirklich »Ambitionen« und wenn ja: Woher kamen die eigentlich? Wenn der Wunsch, beruflich etwas zu bewegen, Talente zu entdecken, sie einzusetzen und in diesem Kontext Verantwortung zu übernehmen, bereits Ambitionen sind – warum erscheint es dann manchen außergewöhnlich, sie als Frau zu haben? Während eine gewisse berufliche Zielstrebigkeit bei Männern gesellschaftlich akzeptiert und oft sogar vorausgesetzt wird, müssen Frauen sich – zumindest meinem Empfinden nach – vielerorts noch immer dafür rechtfertigen und suchen in ihrem Inneren nach tiefenpsychologischen Gründen für ihren Drive: »Da muss doch etwas dahinterstecken!«

Paradoxerweise standen Ambitionen zum Leiten wahrlich nicht auf meiner Agenda. Ich war vielmehr damit beschäftigt, einen guten Job zu machen – die erste Festanstellung nach dem Studium endete überraschenderweise bereits nach der Probezeit. Beim zweiten Job in Basel war meine einzige »Ambition« also, die Testphase halbwegs glimpflich zu überstehen. Deswegen tat ich das, was mir am sinnvollsten erschien: Ich stürzte mich voller Elan und Leidenschaft in die neue Arbeit, die ich zudem als sehr sinnstiftend empfand. Ich arbeitete gerne, machte Überstunden, erledigte meine Aufgaben zuverlässig, bekam zusätzliche Verantwortungsbereiche übertragen und wagte mich so manches Mal aus meiner kuscheligen Komfortzone. Jetzt bin ich Abteilungsleiterin und trage Verantwortung für ein kleines Team. Aber ist das schon »Karriere machen«, von dem immer alle reden? Für mich klingt das merkwürdig. Ich mache doch einfach nur meinen Job! Ich wollte lediglich das einsetzen, was ich in den Jahren des Studiums, bei Nebenjobs, ehrenamtlicher Arbeit und Praktika gelernt hatte. Und so habe ich Chancen mutig ergriffen, als sie sich mir boten, mich Neuem gestellt, habe Herausforderungen angenommen, mich selbst überwunden und einen gesunden Ehrgeiz und Drive entwickelt. Ich habe den Menschen geglaubt, die Potenzial in mir gesehen und mich zum Leiten ermutigt haben. Im Prinzip habe ich das umgesetzt, was mir meine Eltern seit jeher vorgelebt haben: Ich habe Verantwortung übernommen, wenn es nötig war – ohne gezielt danach zu streben. Leiten ist für mich ein Teamsport – aber am Ende muss sich jemand trauen, Entscheidungen zu treffen. Dass man dies beherzt tun darf – auch und besonders als Frau –, habe ich, dank des Vorbilds meiner Eltern, schon früh gelernt. Meine Mutter führte bereits zwei Jahre vor meiner Geburt die funktionsdiagnostische Abteilung eines Kreis-Krankenhauses mit fünf Mitarbeiterinnen – und leitete sie sagenhafte 33 Jahre lang bis zur Rente. Mein Vater leitete 15 Jahre lang die Abteilung Medizintechnik im selben Krankenhaus, bevor er später Verantwortung als Datenschutzbeauftragter sowie im Arbeits-, Brand- und Katastrophenschutz eines Krankenhausverbundes übernahm. Seitdem ich denken kann, engagieren sich beide in der Kirchgemeinde – mal in leitender Verantwortung, mal als elementarer Teil der Gruppe. Immer mit Leidenschaft und verantwortungsvoll der Gemeinschaft gegenüber. Und ich? Ich tat es ihnen gleich.

Wer leitet eigentlich?

Wahrscheinlich bist du nicht eines Morgens aufgewacht, hast während der Schule, in der Ausbildung oder dem Studium deine Führungsqualitäten entdeckt und daraufhin beschlossen, irgendwann einmal CEO zu werden (anstatt einfach einen zu heiraten, wie einige unserer Eltern sich das gewünscht hätten). Vielleicht ging es dir wie mir: Du erledigst deinen Job, bist gut darin und wirst irgendwann befördert, ohne aktiv darauf hingearbeitet zu haben. Vielleicht kommst du aus einer Familie, in der das Leiten dazugehört – es stand fest, dass auch du später Führungsverantwortung übernehmen sollst. Oder du hast dich selbstständig gemacht und deinen ersten Mitarbeitenden zur Unterstützung des Business angestellt. Vielleicht hast du bisher eher im Privaten Verantwortung übernommen: Du leitest eine Kleingruppe, bist Gruppenleiterin bei den Pfadfindern oder einer Sportmannschaft. Wie auch immer dein Weg bis hierhin ausgesehen hat: Du bist eine Leiterin. Es gibt Menschen, die dir folgen – nicht nur aufgrund deiner Position oder weil du für sie im Kontext einer Organisation verantwortlich bist, sondern aufgrund deiner Weisheit, Ausstrahlung, Persönlichkeit oder deines Einflusses.[1] Für »Propel Women«, eine christliche Organisation, die von Christine und Nick Caine gegründet wurde und die sich für das Empowerment von Frauen in Leiterschaft einsetzt, ist eine Leiterin grundsätzlich »jede Frau, die in ihrer Welt etwas für das Reich Gottes bewirken möchte« (frei von mir übersetzt). Eine Leiterin wird dort wie folgt beschrieben:

> *»Sie betrachtet ihre Berufung oder Karriere nicht getrennt von ihrer Identität, sondern sie weiß, dass ihre von Gott gegebene*

---

1 Mehr über die Stufen von Macht in Organisationen und das »Hagberg's Model of Leadership and Power« in Janet O. Hagberg: Real Power – Stages of Personal Power in Organizations, Sheffield, Salem/Wisconsin 2003[3], S. 209.

Identität der Kern ihres Wirkens in jedem Bereich ist, den sie betritt: ihre Beziehungen, ihr Studium, ihr Arbeitsplatz. (...) Sie ist eine Frau, die führt – und die glaubt, dass sie dazu gemacht wurde.«[2]

Ich mag diese Definition von Leiterschaft. Sie schließt niemanden aus, sondern alle ein. Wir alle sind Leiterinnen – egal, ob du eine Familie leitest, nur einen einzigen Follower auf Instagram hast oder eine ganze Abteilung unter dir. Die amerikanische Wissenschaftlerin Brené Brown forscht seit über 20 Jahren zu Themen wie Mut, Verletzlichkeit, Scham und Empathie. Ihre Definition einer Leiterin liest sich wie folgt: »Führungspersönlichkeiten sind alle, die Verantwortung dafür übernehmen, das Potenzial in Menschen und Prozessen zu entdecken, und die den Mut haben, dieses Potenzial zu entwickeln.«[3]

An dieser Stelle muss ich kurz innehalten, um dir eine imaginäre »Leiterinnen-Meilenstein-Party« zu schmeißen. Normalerweise organisieren wir für unsere Freundinnen Verlobungs- und Babypartys, freuen uns über ihren nächsten Lebensabschnitt und das neue Leben, das durch sie entsteht. Doch viel zu wenig feiern wir eine Beförderung, ein frisch eröffnetes Business oder einen beruflichen Meilenstein. Deswegen zünde ich ein kleines Tischfeuerwerk für dich an, puste große Luftballons auf, backe deine Lieblingstorte und rufe dir zu:

Herzlichen Glückwunsch!
Du darfst stolz auf das sein, was du bisher erreicht hast!

---

2 The Propel Woman: »Who is the propel women?«, www.propelwomen.org/content/the-propel-woman/gjj2bt (letzter Zugriff am 14.01.2020).

3 Brené Brown: Dare to Lead – Brave Work, Tough Conversations, Whole Hearts, Vermilion/Penguin, London 2018, S. 4. Aus dem englischen Original übersetzt.

Was für Herausforderungen und erfolgreichen Momenten du auf deinem Weg wohl schon begegnet bist? Da du dich auf dieses Abenteuer eingelassen hast (oder dich darauf vorbereiten willst), weiß ich schon einiges über dich: Du bist eine mutige Frau mit Biss und Disziplin, die etwas verändern will – sei es die Art und Weise, wie du arbeitest oder wie du das Gute in die Welt trägst. Du willst mitgestalten, deine Talente nicht unter den Scheffel stellen, sondern deine Zukunft gestalten. Du wünschst dir, dass Frauen die gleichen Chancen haben wie Männer – und setzt dich aktiv dafür ein, dass dies auch für zukünftige Generationen möglich ist. Du traust dich, Verantwortung zu übernehmen, weil du weißt, dass es Frauen wie dich, deine Stimme und deine Perspektiven braucht – für eine Welt, die noch diverser, bunter, kompletter, inklusiver und weiblicher ist als bisher. Du hast den Anspruch, so zu führen, wie es dir und deiner Art entspricht – damit du eine Vorgesetzte wirst, der Menschen gerne folgen.

Herausforderungen junger Leiterinnen

Wenn wir gut ausgebildet, aber noch jung sind, stehen wir gleich vor mehreren Fragen, sobald wir eine Führungsposition annehmen (oder noch darüber nachdenken):

- Müssen Frauen führen wie Männer – und gibt es so etwas wie »weibliche Führung« überhaupt?
- Wie kann ich meinen eigenen Führungsstil und meine Führungswerte finden?
- Wie kann ich authentisch führen, ohne eine Rolle spielen zu müssen?
- Wie kann ich mich durchsetzen auf Führungsetagen, die nach wie vor mehrheitlich von Männern geprägt sind, und mir Gehör verschaffen, ohne die erfahrenen Mitarbeitenden vor den Kopf zu stoßen?

- Wie sieht ein guter Umgang mit (subtilem) Sexismus, Rassismus etc. am Arbeitsplatz aus?
- Wie kann ich eigene Grenzen wahrnehmen und setzen?
- Wie fülle ich meine neue Rolle als Leiterin aus und führe Menschen, die früher Kollegen waren?
- Muss ich mich für den Beruf oder die Familie entscheiden?

Als ich mit 28 Jahren im beruflichen Kontext zur Führungskraft wurde, beschäftigten mich diese und weitere Überlegungen. Leitungserfahrung hatte ich zu diesem Zeitpunkt nur in meiner Freizeit gesammelt: Mit 22 übernahm ich die Chefredaktion einer Jugendzeitschrift. Gemeinsam mit einem 15-köpfigen Team von ehrenamtlichen Autoren habe ich sechs Jahre lang jährlich vier Ausgaben und Redaktionstreffen geplant, koordiniert und verantwortet – während ich mich selbst durch ein Masterstudium mit Auslandssemester und Praxissemester, diverse Umzüge, meinen ersten Job und einen großen Relaunch der Zeitschrift manövrierte. Das Redaktionsteam, deren Mitglieder mir mit den Jahren zu Freunden wurden, hat meine ersten Schritte als Leiterin miterlebt und ertragen, mich an sich wachsen lassen, herausgefordert und mir meine Schwachstellen und Verbesserungspotenziale aufgezeigt. Das war eine harte, aber lohnende Schule. Von den Herausgebern und Unterstützern der Zeitschrift habe ich dankenswerterweise einen äußerst respektvollen, wertschätzenden und fördernden Umgang mit mir als junger Leiterin erlebt. Ihre umsichtige Führung hat die Redaktion und mich durch herausfordernde Zeiten gelenkt. Parallel dazu war ich Teil des Leitungsteams meiner Jugendkirche und habe außerdem zeitweise die dortige Frauenarbeit verantwortet. Trotz dieser langjährigen (bis dato immer ehrenamtlichen) Führungserfahrung war es eine ganz andere Hausnummer, nun auch im Job zu leiten.

Auf der Suche nach Orientierung

Ich hatte zwei Wochen Urlaub, in denen ich die Entscheidung treffen musste, ob ich den Sprung ins Haifischbecken der Führung wirklich wagen sollte und ob ich dieser Aufgabe jemals gerecht werden könnte. Und wie findet jemand, der hauptberuflich mit Büchern arbeitet, Sicherheit und eine solide Entscheidungsgrundlage? Sie kauft erst mal ein passendes Buch. Im Urlaub suchte ich in Amsterdams Buchhandlungen also nach einem Ratgeber, dessen Lektüre mir viele schmerzhafte Fehler ersparen würde – ein Buch, dessen Inhalt ich einfach nur wie ein trockener Schwamm das Wasser in mich aufsaugen müsste, um mich in kürzester Zeit in eine gute Leiterin zu verwandeln, um erfolgreich die geforderte Leistung zu bringen und wenigstens die ersten 100 Tage kompetent durchzuhalten, bevor mir jemand vor die Nase gesetzt werden würde, der es besser konnte ... Ich suchte nach einem Ratgeber, der mich auf meine bisher größte Herausforderung vorbereiten sollte: eine Leiterin zu sein und dafür auch noch bezahlt zu werden. Ich kaufte zwei Bücher, von deren Lektüre ich mir einen Mini-Crashkurs in Sachen »So fängt man als junge Führungspersönlichkeit an« erhoffte: »The Art of People« von Dave Kerpen[4] und »#Girlboss« von Sofia Amoruso[5]. Beides gute Bücher – doch nach dem Lesen wusste ich immer noch nicht, ob ich mich als neue Abteilungsleiterin nun anders kleiden und verhalten müsste, ob ich so leiten sollte, wie die Männer es taten, die ich kannte, und welche vermeidbaren Stolpersteine noch auf mich warten würden. Ich suchte Orientierung, Mentorinnen und Mentoren sowie den Austausch mit Frauen, die schon geschafft hatten, was ich mir erst erarbeiten musste. Zu etwas berufen, für das ich mich nicht

---

4 Dave Kerpen: The Art of People – The 11 Simple People Skills That Will Get You Everything You Want. Penguin, London 2016.

5 Sofia Amoruso: #Girlboss. Penguin, London 2014.

hundertprozentig vorbereitet fühlte, sagte ich der neuen Stelle als Abteilungsleiterin zu – ermutigt durch das Potenzial, das meine beiden Chefs in mir sahen, und dankbar für ihr Vertrauen in mich und meine Fähigkeiten. Es war für beide Seiten ein mutiger Schritt – der mir bis heute die Möglichkeit schenkt zu lernen, zu wachsen und als Führungspersönlichkeit zu reifen. »Du bist die richtige Frau zur richtigen Zeit am richtigen Ort«, sprach mir einer meiner Chefs daraufhin zu. In der Hoffnung, dass er recht behalten würde, begann ich meine Suche nach Antworten und Weisheit – die Worte eines weiteren Vorgesetzten im Ohr: »Auf dem Weg zu einem guten Leiter gibt es keine Abkürzung.« Und es stimmt: Viele Erfahrungen muss man selbst machen. Doch glücklicherweise nicht alle.

Auf der Suche nach Weisheit

Die Suche nach Weisheit ist ein zutiefst biblisches Prinzip, das schon König Salomo verstand. Er rät in den Sprüchen: »Wer weise ist, soll zuhören und sein Wissen erweitern, und wer Verstand hat, soll die Fähigkeit erwerben, ein gutes Leben zu führen« (Sprüche 1,5 NGÜ). Der Beginn aller Weisheit ist die »Ehrfurcht vor dem Herrn« (Sprüche 1,7 NGÜ) und die demütige Feststellung, dass wir ewig Lernende sind – auch und gerade als Leiterinnen.

Vor ein paar Jahren traf ich in Basel Thomas Härry, Schweizer Theologe und Autor diverser Führungsbücher[6], bei einer Lesung aus seinem Buch »Die Kunst des reifen Handelns«. Während ich mir ein Buch von ihm signieren ließ, fragte ich ihn, was er einem jungen Menschen raten würde, der mit dem Leiten beginnt. Seine Antwort hat mich schon damals fasziniert, zeigt sie doch einen demütigen und beeindruckenden Charakter: »Höre nie auf, lernen zu wollen.« Da war es wieder: das Streben nach Weisheit.

6 Siehe Leseliste im Anhang.

Aber wodurch werden wir weise? Der Bücherstapel kann noch so hoch sein, die Leadership- und Management-Kurse mögen noch so viel Wissen vermitteln – am Ende braucht es mehr als reines Wissen, Handwerk und Technik: »Denn der Herr schenkt Weisheit, von ihm kommen Erkenntnis und Urteilsvermögen« (Sprüche 2,6 NGÜ). Die Lektüre des vorliegenden Buches und das Lernen von erfahrenen Leiterinnen ist also das eine – das andere ist das Rechnen mit einer geistlichen Komponente, die Erkenntnis und Urteilsvermögen schenkt.

Was dieses Buch will

Mein Herz schlägt dafür, dazu beizutragen, dass Frauen wie du ihr unbändiges Leitungspotenzial erkennen und es einsetzen. Dass sie ermutigt werden, ihr mutiges Herz zu entdecken, ihren Leidenschaften zu folgen und sich trauen, ihre Leitungsrolle wahrzunehmen, um andere leidenschaftlich in die Weite zu führen. Was für eine Ehre, wenn mein bescheidenes Buch und die Geschichten erfahrener Leiterinnen dazu beitragen könnten! Ich träume von einer gleichberechtigten Leiterschaft, in der Frauen genauso wie Männer ihren Platz in Wirtschaft, Wissenschaft, Kirche und Politik einnehmen können. Ohne trennendes Gegeneinander, dafür mit ergänzendem Miteinander. Ich träume davon, dass Frauen beides haben können: ein erfüllendes Familien- und Berufsleben. Dass sie sich weder für eins entscheiden noch an beidem aufreiben müssen, sondern dass es praktikable Lösungen gibt, die Leitung in Zukunft für Frauen ermöglichen. Ich wünsche mir, dass Frauen in Führungspositionen sichtbarer werden und dass junge Frauen dadurch erkennen, was sie beruflich alles erreichen könnten – sofern sie es wollen. Dass sie sich für ihre »Ambitionen« nicht zu schämen brauchen, sondern wissen, wie sie sie zum Guten einsetzen und dass weibliche, wertorientierte Führung einen Beitrag zur Diversität und zum wirtschaftlichen Erfolg in Unternehmen leisten kann (laut »Gender Diversity Index 2019« der Boston Consulting Group sind deutsche Firmen mit gemischten Führungsteams übrigens erfolgreicher als nichtdiverse Teams[7]).

Auf ins Abenteuer!

In diesem Sinne lade ich dich ein – egal, wo du dich auf deinem Weg zur Leiterin befindest –, dass wir auf diesen Seiten gemeinsam entdecken, wie Leiten auf Weiblich aussehen kann, ohne sich dafür zu verbiegen. Damit du zu einer Leiterin wirst, die mutig und empathisch ist, authentisch und stark, klar in deiner Identität und weich im Herzen – mit Werten, die tragen –, um das Beste aus deinem Potenzial und den Menschen herauszuholen, die dir anvertraut sind.

Der Fokus dieses Buches liegt auf dem beruflichen, nicht kirchlichen, aber christlich-wertorientierten Kontext, denn hier sind die Unsicherheiten – meiner Wahrnehmung nach – am größten. In einigen Kirchen und Gemeindeverbänden gibt es mittlerweile viele kompetente Leiterinnen, die mit Weisheit, Umsicht und Exzellenz ihren Einflussbereich nutzen und in einem christlichen Setting leiten. Das unterscheidet sich zeitweise von den beruflichen Realitäten außerhalb von Kirchenmauern und Gemeinderäumen.

Deswegen kommen in diesem Buch Frauen aus den verschiedensten Branchen zu Wort – und, ja, auch aus der Kirche. Sie teilen mit uns ihre wichtigsten Lebens- und Führungserkenntnisse – damit wir aus ihren Fehlern lernen und nicht in alle selbst tappen. Sie werden uns aus der Ferne zu nahbaren Mentorinnen.

---

7 Rocío Lorenzo, Nicole Voigt, Karina Zillner, Isabell. M. Welpe: Boarding Call – Wie Unternehmen mit Vielfalt den Sprung nach oben schaffen. BCG Gender Diversity Index Deutschland 2019, März 2020. https://media-publications.bcg.com/BCG-Gender-Diversity-Index-2019-Deutsch.pdf (letzter Zugriff am 15.01.2021).

Mit ihrem Beitrag verhelfen sie außerdem weiblichen Führungskräften zu mehr Sichtbarkeit – denn an Vorbildern mangelt es. Dafür braucht es zweierlei: zum einen Frauen, die uns ähnlich sind, mit denen wir uns identifizieren und in deren Leben Parallelen zum eigenen erkennbar sind. Die uns ermutigen, es ihnen gleichzutun. Zum anderen benötigen wir Role Models, die zunächst unerreichbar scheinen – Frauen, die uns zeigen, was alles möglich ist und die uns groß träumen lassen. Die CEOs von Großkonzernen sind oder in Aufsichtsräten sitzen. Die für Diversity und Gleichberechtigung kämpfen, damit wir eines Tages in ihre Fußstapfen treten werden. Lasst uns von ihnen lernen. Auf ins Abenteuer!

Bemerkung

Da sich dieses Buch primär an Frauen richtet und auch Sprache dazu beiträgt, dass Frauen gleichberechtigt als Führungspersonen wertgeschätzt werden, habe ich mich bemüht, möglichst weibliche bzw. geschlechtsneutrale Begriffe zu verwenden. Manchmal allerdings habe ich mich für die bessere Lesbarkeit, sprachliche Schönheit oder Schlichtheit entschieden.

1

DÜRFEN DIE DAS?

Eine Frage, die Frauen in Leiterschaft im (konservativ)-christlichen Kontext immer wieder begegnet, lautet: »Dürfen die das eigentlich?« Meist unausgesprochen bleibt die zweite Frage: »Können die das überhaupt?«

Diese Unsicherheit taucht vor allem in Kulturen mit einem eher traditionellen Frauenbild auf – leider ist das oft im christlichen bzw. freikirchlichen Kontext der Fall. In Kirchen und Glaubensgemeinschaften, die keine Einigung in der Frage der Frauenordination finden, gibt es logischerweise weniger Frauen in Führungspositionen, zu deren Verantwortungsbereich weder Kindergottesdienste, Frauenarbeit noch Dekoration zählen. Ausnahme ist hier die Evangelische Kirche, in der leitende Positionen schon seit Längerem mit Frauen besetzt werden – von der Pfarrerin hin zu Präses und Ratsvorsitzender.

Eine Folge des weiblichen Führungsmangels in christlichen Gemeinschaften: Frauen, die sich normalerweise (auch beruflich) für ihre Kirchen investieren würden, weichen in die freie Wirtschaft aus, um dort ihre Begabungen auszuüben. Allerdings gibt es auch außerhalb der Kirchenmauern noch viel zu tun: Während bis zu einem gewissen Führungslevel Frauen durchaus Leitungspositionen bekleiden (laut Statistischem Bundesamt war 2019 mit 29,4 Prozent knapp jede dritte Führungskraft in Deutschland weiblich[8]), zeigen Initiativen wie #ichwill und #jetztreichts (Oktober 2020) rund um Janina Kugel, ehemaliges Vorstandsmitglied und Personalchefin bei Siemens, dass die viel besprochene »Gläserne Decke« noch immer existiert. In der Wirtschaft mag die Frage nach der Legitimation von Frauen in Führung besser beantwortet sein, doch nur wenige Unternehmen lassen zu, dass Frauen auch im gehobenen Management leiten. Ein kleiner Zahlen-Exkurs verdeutlicht das: Der durchschnittliche Frauenanteil in den Verwaltungsräten börsennotierter Unternehmen in der Schweiz beträgt 14 Prozent[9], in Deutschland 10,1 Prozent[10]. Besonders in Schweizer Verwaltungsräten von Unternehmen mit mehr als 50 Mitarbeitenden gilt der »Thomas-Kreislauf«[11]: Es sitzen mehr Männer, die Thomas heißen, in einem Verwaltungsrat als Frauen generell: »Bei jedem dritten deutschen Börsenunternehmen ist ‚Null Frauen im Vorstand‘ (…) nicht nur der aktuelle Ist-Zustand, sondern auch explizit das Ambitionsniveau für die absehbare Zukunft«, heißt es im Bericht der deutsch-schwedischen AllBright-Stiftung. Daran ändert auch die im Januar 2021 in Kraft getretene Frauenquote für Vorstände börsennotierter und paritätisch mitbestimmter Unternehmen mit mehr als drei Mitgliedern nichts.[12]

----

8 Destatis: »Frauen in Führungspositionen«, Statistisches Bundesamt, 2020. www.destatis.de/DE/Themen/Arbeit/Arbeitsmarkt/Qualitaet-Arbeit/Dimension-1/frauen-fuehrungspositionen.html (letzter Zugriff am 29.01.2021).

9 GetDiversity: Diversity Report Schweiz 2020. www.diversityreport.ch/wp-content/uploads/2020/09/Sep_2020_GD_LadiesDrive_Diversity_ONLINE.pdf (zuletzt aufgerufen am 29.01.2021).

10 AllBright Stiftung: Deutscher Sonderweg – Frauenanteil in DAX-Vorständen sinkt in der Krise. Berlin 2002. www.allbright-stiftung.de/berichte (letzter Zugriff am 29.01.2021).

11 GetDiversity (2020) und NZZ am Sonntag/Albert Steck (2020): »Warum der Chef meistens Thomas heißt – und fast nie Maria«. https://nzzas.nzz.ch/wirtschaft/thomas-prinzip-rangliste-der-namen-von-verwaltungsraeten-ld.1579876 (letzter Zugriff am 29.01.2021).

12 Im Falle einer Neubesetzung des Vorstands ohne Frau ist lediglich eine

Was sagt die Bibel dazu?

Es mag in der heutigen Zeit, in der die Frauenemanzipation hier im Westen schon einen weiten Weg gegangen ist, merkwürdig anmuten, diese Fragestellung überhaupt zu erwähnen. Fakt ist, dass viel unentdecktes Leitungspotenzial innerhalb und außerhalb unserer Kirchen brachliegt, weil die Frage, ob Frauen biblisch gesehen leiten dürfen, oft nur auf eine Art und Weise beantwortet wird. Als junge Frau, die in einem christlichen Umfeld aufgewachsen ist, klingeln mir bei einer Handvoll Bibelstellen immer die Ohren – denn sie werden zuverlässig angeführt, um die aufkommende Diskussion schnell in ihre gewohnten Schranken zu weisen: »Die Frauen sollen in den Gemeinden schweigen (...), sie sollen sich unterordnen, wie auch das Gesetz sagt« (1. Korinther 14,34). Oder: »Ihr Frauen, ordnet euch euren Männern unter« (Epheser 5,22). So aus dem Kontext gerissen klingen diese Verse eindeutig. Doch in mir rebelliert es: Was ist an Frauen falsch und ungenügend, dass man ihnen nicht erlaubt zu leiten oder zu predigen? Wurden wir tatsächlich nicht dafür erschaffen, auch außerhalb der eigenen Familie Verantwortung zu übernehmen? Woher kommen aber dann die sogenannten »Ambitionen«, wenn sie nicht gottgewollt wären? Ist es etwa meine Bestimmung, sie zu unterdrücken?

Auch Sabine Fürbringer hat sich diesen Fragen gestellt. Im folgenden Artikel, der ursprünglich im christlichen Frauenmagazin JOYCE[13] erschien, kam sie zu einem Schluss, der mir Frieden über diese Fragestellung geschenkt hat.

---

schriftliche Begründung ausreichend, um als Zielgröße weiterhin »Null Frauen« anzugeben.

13 Der Text wurde für dieses Buch gekürzt und angepasst. Sabine Fürbringer: »Das Weib schweige?«, in: JOYCE 1/2020, SCM Bundes-Verlag, S. 48–51. Infos: www.joyce-magazin.net.

SABINE FÜRBRINGER (55) ist Psychologin und Paartherapeutin mit eigener Praxis. Sie leitet den Bereich »Campus We«, ein Netzwerk von »Campus für Christus« für Frauen, die leiten und Leben gestalten. Die vertiefte Auseinandersetzung mit einschlägigen biblischen Passagen hat sie überzeugt, dass es durchaus biblisch ist, wenn Frauen gemeinsam mit Männern auf Augenhöhe leiten.

Das Weib schweige

Seit ich ein Ministry leite, das Frauen in Leiterschaft anspricht, gerate ich immer mal wieder in Gespräche bezüglich der Rolle der Frau im gemeindlichen Kontext. Im Wesentlichen geht es dabei um die beiden Fragestellungen, ob eine Frau lehren und ob sie leiten darf, wenn zu den Angesprochenen auch Männer gehören. Einige Gesprächspartner vertreten die Ansicht, dass das nicht nur möglich, sondern sogar notwendig sei. Andere ringen mit der Frage. Sie sehen zwar gewisse Widersprüche zwischen theologischer Lehrmeinung und gelebter Praxis, aber die Grundaussage, dass der Mann eben doch mehr Verantwortung trägt, kann das irgendwie nicht entschärfen. Und natürlich gibt es auch die ganz Überzeugten, die uns völlig auf dem Holzweg wähnen, wenn wir Frauen in Leitung zulassen. Glücklicherweise begegne ich dieser Meinung nur selten.

Selbst bin ich schon mein ganzes Erwachsenenleben mit dieser Frage unterwegs. Dabei ist eine tiefe Überzeugung gewachsen, dass Frauen gleichwertige Gegenüber der Männer sind. Gott rüstet sie mit Begabungen aus und spricht Berufungen über ihrem Leben aus, unabhängig vom Geschlecht, so, wie es ihm gefällt. Dazu können auch das Lehren und Leiten gehören.

Frauen, die sich an die biblischen Grundlagen halten wollen, kommen nicht umhin, diese Fragen für sich zu klären. In unserer westlichen Welt ist es mittlerweile selbstverständlich, dass Frauen dieselben Führungspositionen einnehmen können wie Männer. Findet diese Leiterschaft außerhalb der gemeindlichen Strukturen statt, in der Wirtschaft, der Gesellschaft oder Politik, gibt es dagegen auch kaum Widerspruch. Anders sieht es aus, wenn eine Frau ihre Qualitäten innerhalb einer geistlichen Gemeinschaft einbringen möchte.

Als Frau persönlich betroffen

Statements zur Stellung der Frau innerhalb des christlich geprägten Kontextes sagen indirekt immer auch etwas über die Frau als Person aus. Falls also Gott tatsächlich verbietet, dass Frauen auf Augenhöhe mit den Männern seinen Auftrag in dieser Welt wahrnehmen, dann hat das zwangsläufig eine entwertende Nuance.

Natürlich kenne ich das beschwichtigende Argument, gleichwertig bedeute eben nicht gleichartig, sondern gleichwürdig. Jeder habe seine Verantwortungen zugeteilt bekommen. Leiten und Lehren sei eben in größerem Umfang eine Aufgabe, die Männer aufgrund ihrer schöpfungsgemäßen Voraussetzungen und Verteilungen anvertraut bekommen hätten. Das mache sie nicht wertvoller oder besser. Zudem seien Demut, Unterordnung oder Dienen viel ehrenhafter als das Leiten. Wenn eine Frau ambitioniert ist und Verantwortung übernehmen will, wird das eher negativ aufgefasst im Sinn von Machtgier und Geltungsdrang. Bei einem Mann aber gilt dasselbe Verhalten als verantwortungsbewusst oder führungsstark.

Solche Aussagen wirken, egal, in welchem Kontext ich meine Leitungsgabe einsetzen möchte. Sie prägen mein Denken über mich selbst und stehen wie eine Hürde im Raum, die mich zweifeln und zögern lässt. Darum lohnt es sich auch für Frauen, die in einem säkularen Umfeld Verantwortung tragen, sich auf ein sicheres biblisches Fundament zu stellen. Denn als Christinnen wollen wir die Bibel ernst nehmen und unser Leben nach ihr ausrichten.

Entwertung und Entmündigung

Wenn wir Frauen von geistlicher Leiterschaft ausschließen oder den verbreiteten Kniff anwenden, es sei in Ordnung, wenn ein hierarchisch übergeordneter Mann da ist und die Rolle autorisiert, dann legen wir damit nahe, dass Männer in ihrer Gotteserkenntnis ein Stück näher an den Wahrheiten des Himmels dran sind als die Frauen. Vielleicht verstehen sie Gott besser, weil er ihnen ein wenig ähnlicher ist? Wenn wir Frauen einen ganz begrenzten Rahmen stecken, in dem sie ihre Lehrbegabung einsetzen dürfen, nämlich unter anderen Frauen oder bei Kindern, klingt das sehr danach, als wäre ihre Kapazität gerade ausreichend für diese nicht ganz mündigen Menschen. Ganz konsequent sind wir allerdings nicht. Im missionarischen Kontext war es Frauen schon lange erlaubt, alle Ämter und Aufgaben auszufüllen, wohl aus Mangel an bereitwilligen Menschen, die diese Strapazen auf sich nehmen wollten. Manchmal wird sogar unterschieden zwischen einer Leitungsaufgabe, die wir im außerkirchlichen Setting zwar akzeptieren, die in der Gemeinde aber undenkbar wäre. Ich empfinde diese Unterteilung in geistliche und weniger geistliche Aufgaben künstlich. Gott interessiert sich für alle Lebensbereiche und in jedem Beruf kann und soll ich gemäß meiner gottgegebenen Berufung sein Reich hineintragen.

Beim Argument, dass Männer in einer geistlichen Hierarchie mehr Autorität hätten, bewegen wir uns biblisch als auch in der

Praxis auf dünnem Eis. Manchmal wird die Vorherrschaft des Mannes auch mit der Reihenfolge in der Schöpfungsgeschichte belegt, wobei hier Reihenfolge mit Rangordnung gleichgesetzt wird. Entsprechend wären dann wohl die Tiere ranghöher als die Menschen? Und was ist mit all den Erstgeborenen, die in ihrer Erwählung übergangen wurden, weil eben ein David oder ein Joseph Gottes Absichten mehr entsprach? Die Liste von Argumenten ließe sich fortsetzen, die Gegenargumente ebenso. Davon bin ich müde. Zurück bleibt das schale Gefühl, als Frau nicht für voll genommen zu werden, und das macht etwas mit dem Selbstbild der Frauen.

Die eine Hälfte fehlt

Parallel dazu und mindestens so gravierend sind der Reichtum und die Vielfalt, die uns durch diese Einseitigkeit entgehen. Der weibliche Blick auf die Bibel in unseren Gemeinden fehlt weitgehend, zumindest von der Kanzel und auch von den theologischen Büchern her, die uns prägen. Themen, die wir anders angehen, Themen, die uns interessieren, Lebenserfahrungen, die wir einbringen. Aber auch in puncto Leiterschaft entgeht uns der weibliche Blick auf die Welt. Wie anstrengend, Dinge für die Gesamtheit entscheiden zu müssen und die eine Hälfte der Betroffenen nicht oder höchstens konsultativ mit am Tisch zu haben. Das ist nicht nur ungerecht, sondern wir lassen uns so auch eine Quelle der Weisheit entgehen. Die Wirtschaft hat das erfasst und viele Unternehmen bemühen sich mittlerweile, Frauen in Entscheidungsgremien mit einzubinden. Das geschieht nicht ganz selbstlos. Vielmehr belegen viele Studien, dass die Performance einer Firma signifikant besser wird, wenn in den Führungsgremien mindestens dreißig Prozent der Beteiligten Frauen sind. Es scheint, dass sich ab dieser Schwelle die Kultur so verändert, dass Frauen sowohl ihr Potenzial ausleben können als auch Gehör finden.

Gottes wunderbare Startbedingungen

Dass diese Zusammenarbeit bessere Resultate hervorbringt, ist nicht weiter erstaunlich. Die Schöpfungsgeschichte malt uns vor Augen, wie Gott Mann und Frau als sein Ebenbild geschaffen hat – und das sind sie erst in ihrer Gemeinschaft. Einander zugewandt nehmen sie den gleichen göttlichen Auftrag, die Verantwortung und auch den Segen in Empfang. In der wechselseitigen, gleichberechtigten Abhängigkeit voneinander sind sie auf Augenhöhe an der Startlinie. Doch wir wissen, was dann passierte – der verhängnisvolle Biss in die Frucht hat das zunichtegemacht. Krankheit, Schuld, Streit und Leid sind die Konsequenzen. Aber nicht nur. Das Gleichgewicht zwischen den beiden gerät in Schieflage, der Mann übernimmt die dominante Rolle und die Frau sehnt sich in ihrer Abhängigkeit nach seiner Gnade. Die beiden marschieren aus dem Paradies und ab sofort ist das die natürliche Ordnung. Mehr noch, diese Verzerrung wird zur göttlichen Ordnung erhoben. In der christlichen Version wird mittlerweile das Unterdrückungssystem verurteilt, an der Hierarchie halten aber viele fest.

Erlösung wäre greifbar

Im Leben von Jesus können wir beobachten, wie die Erlösung in diese Welt hineinkommt. Er vergibt Sünden, er heilt Kranke, er nimmt sich der Ausgestoßenen an – mit diesen Aspekten sind wir bestens vertraut. Aber sehen wir auch, wie in seinem Umgang mit Frauen die sündige Ordnung umgestoßen wird? Exemplarisch dafür steht die Begebenheit im Hause der Schwestern Maria und Martha, von der in Lukas 10 berichtet wird. Martha beklagt sich über Marias Benehmen, die, statt in der Gästebetreuung zu helfen, Jesus zu Füßen sitzt. In unzähligen Predigten habe ich gehört, Jesus lobe Maria für ihre gute Wahl, weil sie anstelle der Geschäftigkeit die Kontemplation sucht. Das steckt bestimmt auch in dieser Geschichte. Doch der gesellschaftliche und theologische Zündstoff liegt an einer anderen Stelle. Maria erdreistet sich, die traditionell dienende, untergeordnete Frauenrolle im Haushalt zu tauschen mit der den Männern vorbehaltenen Auseinandersetzung mit geistlichen Inhalten. Sie sitzt dem Rabbi, dem Lehrer zu Füßen und ist damit genau an dem Ort, an den Jünger, Lernende gehören. Dieser Ort ist explizit für Männer und keinesfalls für Frauen gedacht. Statt diese Ungeheuerlichkeit zu maßregeln, lobt Jesus sie dafür. In seiner Nähe ist weder Mann noch Frau das ausschlaggebende Kriterium, sondern das zugewandte Herz eines Menschen.

Paulus ist für die Frauen

Folgerichtig nimmt Paulus in Galater 3,28 diesen Faden auf, wenn er betont, in Christus gebe es weder Mann noch Frau, weder Grieche noch Jude, weder Sklave noch Freien. Entlang der gesellschaftlichen Diskriminierungslinien, die einen Teil der Menschen aufgrund willkürlicher Merkmale in entrechtete oder geistlich unwürdige Kategorien einteilt, postuliert er ihre Gleichwertigkeit in Gottes Reich. Frauen gehören explizit dazu. Das Christentum war in seinen Anfängen als die Religion der Sklaven und Frauen bekannt. In diesem Licht müssen wir die anderen Aussagen von Paulus, die gerne ins Feld geführt werden, ansehen.

Die Lebensumstände zur Zeit der ersten Gemeinden unterschieden sich stark von unseren heutigen Voraussetzungen. Gerade die Briefe sprachen in spezifische Situationen hinein, waren Wegweisung in konkreten Herausforderungen. Lassen wir die Fragestellung weg und schauen die Antwort isoliert an, entsteht ein verzerrtes Bild.

Frauen waren mehrheitlich ungebildet und bei gesellschaftlichen oder religiösen Themen ohne Einfluss. Letzteres veränderte sich, sobald eine Frau sich dem Evangelium zuwandte und zur Gemeinde stieß. Leider machte das den bildungsmäßigen Rückstand nicht wett. Zwar wurden Frauen vom Heiligen Geist mit den gleichen Gaben ausgestattet, aber gerade im griechischen Umfeld war die junge Gemeinde mit Lehren konfrontiert, deren Einordnung theologisches Wissen erfordete. Ohne diesen Rückhalt standen den Irrlehren Tür und Tor offen – doch dieses Wissen fehlte den Frauen. So ist es durchaus einleuchtend, dass Paulus in 1. Timotheus 2 den Frauen untersagt zu lehren. Sie müssen zuerst noch lernen und das sollen sie zu Hause tun, indem sie ihre Männer befragen, statt in der Versammlung lauthals störend ihrem Unverständnis Ausdruck zu geben. Im gleichen Atemzug ruft er sie auch in ihrem Übermut zurück, sich über die Männer zu erheben und über sie zu herrschen. Das Wort, das Paulus hier verwendet, steht nur an genau dieser Stelle in der Bibel und hat die Konnotation von dominieren und kontrollieren. Dass er das verurteilt, ist nachvollziehbar. Umgekehrt sagt er damit nicht, es wäre in Ordnung, wenn Männer das tun.

Die Praxis trägt gute Früchte

Zu den einschlägigen Paulusstellen, die gerne ins Feld geführt werden, um Frauen ihren untergeordneten Platz zuzuweisen, gibt es mittlerweile viele gute Arbeiten. Theologen und Theologinnen kommen zum Schluss, dass es auch paulinisch gesehen absolut vertretbar ist, Frauen die gleichen Rechte zuzusprechen. Was, wenn sie recht haben? Dann gingen wir das Risiko ein, mit der Unterordnungstheologie falsch zu liegen.

Darum wäre ein abschließendes Kriterium der Blick in die Praxis: Welche Früchte wachsen, wenn Frauen Zugang zu allen Ämtern und Möglichkeiten haben? Schon Paulus lobt Gemeindeverantwortliche wie Priscilla, Lydia, Phoebe oder Junia. Bewegungen wie die Heilsarmee praktizieren die Gleichstellung seit über hundertfünfzig Jahren. Die Missionsgeschichte spricht Bände vom vollwertigen Beitrag der Frauen. Viele gute

Früchte sind daraus gewachsen. Ich für meinen Teil habe meine Schlüsse gezogen und möchte mich fortan der Umsetzung dieser Gleichwertigkeit widmen: Frauen zu befähigen und den Zugang zu Leitungsfunktionen zu eröffnen, sei das in einem kirchlichen oder säkularen Umfeld – das ist herausfordernd genug.

- -

Ist es nicht erfrischend von Sabine Fürbringer, einen solchen Standpunkt zur Fragestellung zu hören, ob es Frauen – biblisch gesehen – erlaubt ist zu leiten? Viele der Bibelkommentare, die ich diesbezüglich konsultiert habe, argumentieren mit der gottgegebenen Reihenfolge der Schöpfungsordnung: Der Mann steht über der Frau, weil er zuerst erschaffen wurde. Für mich ist die Antwort auf diese Frage nicht nur eine rein theologische – sie spiegelt gleichzeitig mein Gottesverständnis wider. Ich glaube jedenfalls nicht, dass Gott schon zu biblischen Zeiten Frauen wie Debora (Richterin und Prophetin im Alten Testament), Hanna (Prophetin im Neuen Testament) oder Lydia (die erste Christin Europas, die eine Gemeinde baute) berief und befähigte – nur um die nachfolgenden Generationen dann doch daran zu hindern, ihren Begabungen und Berufungen nachzugehen.

2

PLÖTZLICH FÜHRUNGSKRAFT

Im vergangenen Kapitel haben wir die grundlegende Frage beantwortet, ob Frauen überhaupt leiten dürfen. Beschäftigen wir uns jetzt damit, wie diese Rolle auszufüllen ist. Kann und sollte man sich auf eine Führungsposition vorbereiten – reicht es nicht, mit Engagement und Exzellenz alles auf sich zukommen zu lassen und zu hoffen, dass der Rest sich fügen wird? Im Gespräch mit der Führungskräfte-Coachin Marion Gaffron wird klar, wie wichtig Vorbereitung ist – und dass es dafür nie zu früh ist. Außerdem hat sie erzählt, warum es dabei auf die eigenen Glaubenssätze und Vorstellungen ankommt, welche Stolperfallen es für Leiterinnen gibt und wie der Rollenwechsel von der Kollegin zur Vorgesetzten gelingt.

MARION GAFFRON (56) ist gelernte Arzthelferin und hat nach 15 Jahren Kindererziehungspause mit 38 Jahren den Wiedereinstieg ins Berufsleben geschafft. Im Alter von 42 Jahren wurde sie stellvertretende Geschäftsführerin eines ambulanten Pflegedienstes. Später hat sie mit einem Fernstudium zur Personal Business Coachin umgeschult und ist jetzt selbstständige Lebens- und Finanz-Coachin für Führungskräfte und Berufseinsteiger.

Wie sollte man sich auf die erste Führungsposition vorbereiten? Geht das überhaupt?

Ich empfehle von Herzen, sich darauf vorzubereiten. Das kann man zum Beispiel mit Coaching, Seminaren oder Büchern. Das Ungünstigste ist, unvorbereitet eine Führungsposition zu beginnen und zu glauben: »Irgendwie kriege ich das schon hin.« Besonders wenn der Rollenwechsel am gleichen Arbeitsplatz oder im gleichen Unternehmen stattfindet, ist es sehr wichtig, diesen bewusst zu gestalten. Gerade noch Kollegin, jetzt Vorgesetzte und Führungskraft – das ist häufig ein Problem. Man macht nicht nur einen anderen Job und bleibt einfach die, die man vorher auch war – man hat eine neue und andere Rolle. Wenn ich also mein eigenes Rollenverständnis und meine Haltung zur neuen Position nicht ganz bewusst verändere, werden auch die Mitarbeitenden das nicht differenzieren können. Das beginnt schon mit der Frage, die man sich selbst stellen muss: »Darf ich überhaupt eine Führungskraft sein?« Ich habe mir diese Erlaubnis sehr lange nicht gegeben. »Ich bin doch die Marion, ich kann doch nicht führen!«, dachte ich *[lacht]*. Wenn ich jemandem erzählt habe, stellvertretende Geschäftsführerin zu sein, habe ich mich lange dafür geschämt, weil das nicht zu meinem Selbstbild passte. Das spürt natürlich auch das Gegenüber und nimmt mich in dieser Rolle nicht ernst. Also hat Führen viel mit der inneren Haltung zu tun.

Zu Anfang sollte man sich seinem eigenen Bild von Führung stellen – und sich selbst als Person. Dazu gehört auch, viele Paradigmen zu hinterfragen, die man in sich trägt:

- Welches Bild habe ich von einer Führungskraft?
- Wie möchte ich selbst leiten? Muss ich hierarchisch autoritär auftreten oder geht es auch ganz anders?
- Wie will ich kommunizieren?
- Muss ich darauf warten, dass mir Mitarbeitende die Erlaubnis zum Führen geben, oder kann ich sie einfordern?

Das Leben ist ein Prozess – deswegen wird man nicht alle Fragen endgültig klären können. Aber man sollte sich mit den essenziellen Fragen auseinandersetzen: »Wer bin ich eigentlich?« und »Wie will ich leben?«.

Wenn man sich also diese neue Rolle bewusst macht, ändern sich auch das Verhalten und das Bild nach außen, das man zeigt?

Ja, das hat vor allem mit inneren Dingen zu tun, aber auch mit äußeren. Was ich über mich denke, strahle ich nonverbal aus. Wenn ich bisher immer in Jeans und Turnschuhen ins Büro gegangen bin und plötzlich mit Kostüm und hochhackigen Schuhen komme, gibt mir das noch lange keine Glaubwürdigkeit. Dabei ist Glaubwürdigkeit in einer Führungsposition ganz relevant. Natürlich muss man sich Gedanken darüber machen, wie man sich kleidet und verhält, wie man zum Beispiel mit Pünktlichkeit umgeht und wie – und ob – man sich als Vorbild wahrnimmt. Aber es muss harmonisch zu meiner persönlichen Entwicklung passen. Man sollte keine Maske aufsetzen oder eine Rolle spielen. Einen Positionswechsel beim gleichen Arbeitgeber zu vollziehen, birgt also viele Gefahren, auf die man sich vorbereiten sollte.

Kannst du Beispiele nennen für Gefahren oder typische Stolperfallen?
Der Klassiker insbesondere bei Frauen ist ein starkes Harmoniebedürfnis – gibt's natürlich auch bei Männern. Glaube ich, dass ich für das Glück meiner Mitarbeitenden verantwortlich bin? Muss ich sie bemuttern? Dürfen sie sich bei mir über alles ausheulen? Gibt das meine Rolle auf eine gesunde Weise her oder lasse ich mich instrumentalisieren? Das Bemühen, »everybody's darling« zu sein und für jeden ein offenes Ohr zu haben, sind große Fallstricke.

Mit der neuen Position müssen sich also auch die Beziehungen zu den Kollegen und Kolleginnen verändern. Wie gelingt es, Grenzen zu ziehen und zu signalisieren, dass man nicht mehr die Kollegin ist, mit der alles besprochen werden kann?
Gerade am Anfang, wenn der Wechsel in diese neue Position stattfindet, müssen Grenzen gezogen werden, die vielleicht schmerzhaft sind. Das gelingt nicht, wenn man nicht gut darauf vorbereitet ist. Dann versucht man es mit einem smoothen Übergang, tut aber beiden Seiten damit keinen Gefallen. Trotzdem ist es sehr wichtig, dass ich Mensch bleibe und mich für den anderen interessiere – das ist in meinen Augen eine ganz wichtige Führungskompetenz. Man darf also noch fragen, wie das Wochenende war und was die Kinder machen – das ist ganz wichtig! –, aber nur in einem gewissen Setting, in der Kaffeepause oder morgens bei der Begrüßung. Nicht ausufernd, sondern ganz bewusst begrenzt. So sendet man das Signal: »Ich nehme mir für dich Zeit, aber ich setze auch Grenzen.« Ich kenne das

aus eigener Erfahrung: Mitarbeitende kamen früher gerne zu mir, um sich bei mir auszuheulen. Irgendwann habe ich durch Coaching begriffen, dass ich gleich klären muss, ob jemand die Situation verändern möchte oder ob er sich nur auskotzen will. Denn nur die Suche nach Lösungen bringt uns weiter. Hier fängt konkretes Führen an, weil *ich* den Blickwechsel vornehme. Diese Grenze muss *ich* setzen, indem ich das Gespräch führe, Zeitkontingente setze und mir im Klaren darüber bin, was ich in meiner Rolle zulasse und worüber ich nicht sprechen will.

Kann man als Chefin noch mit Mitarbeitenden befreundet sein? Wie gestaltet man die Beziehung zu ihnen?

Das hängt natürlich vom Unternehmen ab, von seiner Größe und der Anzahl der Ebenen. Ich habe keine echten Freundschaften gepflegt. Es hat mir Sicherheit gegeben, nur diese eine Rolle, nämlich die der Vorgesetzten, in meinem Arbeitsumfeld leben zu müssen. Persönlichkeit zu zeigen, ist wichtig – mal vom Urlaub erzählen oder von zu Hause –, aber bei Freundschaften zwischen den Ebenen muss man sehr bewusst zwischen den verschiedenen Rollen differenzieren. Das verlangt von beiden Seiten eine große Reife ab.

Wie komme ich zu einem guten Verständnis meiner Führungsposition?

Es hat mir sehr geholfen, als ich in einem Coaching mit zehn Mythen über »Die gute Führungskraft« konfrontiert wurde, wie etwa:

- »Eine gute Führungskraft ist dafür zuständig, dass alle glücklich sind.«
- »Eine gute Führungskraft muss die Mitarbeitenden motivieren können.«
- »Als Führungskraft muss ich hierarchisch oder autoritär auftreten.«
- »Gute Führungskräfte sind Naturtalente.«

- »Als Führungskraft muss man mit Psychotricks arbeiten und Menschen manipulieren.«

Es hat mir geholfen, Fragen zu stellen, die mich anregen, über mein Bild nachzudenken oder wie ich mir meine Führungsrolle in fünf Jahren vorstelle. Welche Beziehung habe ich dann zu den Menschen um mich herum? Wie hat sich mein Arbeitsplatz verändert?

Aus sich heraus lernt man das nicht – auch nicht in der Schule oder der Uni. Deswegen ist man selbst gefordert. Es war mein großes Glück, dass ich damals gemeinsam mit meinem Chef in ein Führungskräfte-Coaching gegangen bin. Das hat mir Welten geöffnet und mich sehr brutal infrage gestellt.

Wie schafft man es, wenn man noch sehr jung ist, ernst genommen zu werden?

Respekt bekomme ich, indem ich Respekt gebe. Ich halte es für sehr wichtig, auch Ältere zu respektieren und ihre Lebens- und Berufserfahrung sowie die Geschichte des Unternehmens zu würdigen. Ein großer Fehler von den »jungen Wilden« ist oft die Einstellung: »Das war bisher alles Mist. Ich zeige euch mal, wie man das richtig macht.« Das ist natürlich absolut verkehrt. Viel besser ist es zu würdigen, dass das Unternehmen heute besteht, weil man damals vieles richtig gemacht hat. Mit Einfühlsamkeit kann man dann neue Ideen vorschlagen. Letztlich ist es eine grundlegende Lebensregel: Das, was ich mir vom anderen wünsche, muss ich ihm zunächst selbst geben – sei es Respekt, Wertschätzung oder Aufmerksamkeit. Das funktioniert in alle Richtungen – von Alt zu Jung, von Jung zu Alt, von Mann zu Frau, von Frau zu Mann.

Man sollte also nicht versuchen, etwas durchzudrücken?

Statt etwas durchzudrücken, sollte man zunächst die grundlegenden Regeln des persönlichen Miteinanders beachten: den anderen wahrnehmen, kennenlernen, ihm zuhören, Raum geben, ihn verstehen wollen. Dann entsteht Vertrauen – und der andere fängt auch an, mir zuzuhören. Jemand sagte mal: »Du führst dann, wenn die Menschen dir mit ihrem Herzen folgen.« Das ist in meinen Augen eine wunderbare Definition von Führung. Wenn mir klar ist: »Ich bin hier Lernende. Aber ich habe auch eine Aufgabe, die mir zugesprochen ist und die ich ausfüllen will« und ich mich mit diesem Selbstverständnis auf den Weg mache, den anderen kennenzulernen und verstehen zu wollen, dann knüpfe ich ein Band von Vertrauen. Das ist das A und O der Führungsarbeit.

Manchmal kommt es vor, dass die eigene Idee keine Beachtung findet, bis sie von einem Kollegen oder Chef als seine eigene ausgegeben wird. Es ist schwierig, in so einer Situation Respekt zu zollen, wenn man ihn selbst nicht bekommt …

Der größte Fehler ist, dass besonders wir Frauen uns sehr schnell wegducken und kleinmachen. Damit entwerten wir uns selbst. Mit Selbstrespekt – das ist immer die erste Aufgabe, an der ich arbeiten muss – und einem gesunden Selbstbewusstsein für meine Persönlichkeit, meine Fähigkeiten und mein Können kann ich die Stirn bieten und Fairness einfordern: »Ich möchte nicht, dass so mit mir umgegangen wird.« Das verlangt uns sehr viel Kraft, Mut und innere Stärke ab. Aber das ist der Weg, um eine stärkere Führungskraft zu werden. So bekomme ich auch den Respekt, der mir zusteht – den ich mir auch selbst zusprechen muss. Überhaupt müssen wir lernen, konfliktfähig zu werden und imstande, die Dinge beim Namen zu nennen, auch im Gespräch mit Älteren oder vermeintlich Stärkeren.

Gibt es einen weiblichen Führungsstil?

Den Begriff »weiblicher Führungsstil« mag ich nicht so sehr. Er löst bei mir ganz komische Assoziationen aus: zum einen den »Wir haben uns alle lieb«-Führungsstil oder genau das Gegenteil – eiskalte Frauen in Hosenanzügen. Ich finde es wichtig, dass Frauen sich mit der Frage auseinandersetzen, wie sie führen wollen, und ihren eigenen Stil entwickeln. Denn letztlich ist eine Führungskraft eine Persönlichkeit und kein Abklatsch. Ich bin ich – auf dem Weg zu einem Menschen, dem andere gerne folgen, weil sie mir vertrauen.

Was würdest du Frauen raten, die mit dem Leiten anfangen oder die vielleicht schon erste Führungserfahrung haben?

Ich würde auf jeden Fall dazu raten, sich einen Mentor oder einen Coach zu nehmen und über einen gewissen Zeitraum begleiten zu lassen – vielleicht sogar mal ein oder zwei Tage »on the job« beobachten zu lassen und gemeinsam zu reflektieren. Je mehr man die Kompetenz von außen nutzt und sich spiegeln lässt, desto schneller entwickelt man sich. Natürlich lernt man aus den eigenen Erfahrungen – aber es ist oft schwierig, sie zu deuten und zu abstrahieren. Deswegen sieht man auch so wenig gute Vorbilder in der Geschäftswelt: Die wenigsten lassen sich in ihrer Führungsrolle ausbilden – die meisten wurschteln vor sich hin und leiten dann geprägt durch ihre Charakterschwächen und Animositäten.

Was hättest du gerne vorher gewusst, bevor du angefangen hast zu leiten? Was hast du schmerzlich lernen müssen?

Ich hätte mich gern auf diese Rolle vorbereitet und sie dann mit einer gewissen Basis von Grundwissen und Klarheit bewusster angetreten. Im Nachgang habe ich noch viel ändern können – aber der »goldene Moment« ist eigentlich der, in dem der Rollenwechsel stattfindet.

Wann sollte man idealerweise anfangen, sich vorzubereiten?

Wenn eine junge Frau den Wunsch hat, später mal eine Führungsposition einzunehmen, dann würde ich raten: Beschaff dir

Bücher, setz dich mit dem Thema auseinander, fahr zu Kongressen – so kann sich dein Bild formen und ändern. Der Vorteil bei Führung ist, dass jede von uns jeden Tag führt – und sei es ihr eigenes Leben oder ein Gespräch. Es hat mich einerseits getröstet und andererseits herausgefordert festzustellen, dass *eigentlich* jeder Mensch eine Führungskraft ist – wenn er nur bei sich selbst anfängt. Wenn man sich mit Führung auseinandersetzt, zieht das Konsequenzen nach sich: Man fängt an, anders mit sich selbst und mit anderen umzugehen. Man führt Gespräche anders, denkt über Ziele und Entwicklungspotenziale nach. Mit der Zeit verändert sich das Weltbild, und man verändert sich als Persönlichkeit. Das ist in meinen Augen der gesunde Weg hin zu einer Führungskraft – ohne Altersbeschränkung. Ich persönlich wollte nie Karriere machen. Als mein Chef mir die stellvertretende Geschäftsleitung anbot, war ich natürlich erst einmal geschmeichelt – darin liegt aber eine große Falle, da ich mich in diesem Moment um mich drehe. Mein Blick als Führungskraft sollte auf die anderen, die Mitarbeitenden, gerichtet sein.

Damit man den Blick nach außen richten kann, muss er aber doch erst mal nach innen gerichtet werden …

Genau, das muss Hand in Hand gehen. Nach innen schauen – das ist das, was ich *jenseits* des Arbeitsplatzes mache. Am Arbeitsplatz ist es meine Aufgabe, das Außen zu formen. Dafür muss ich im Außen fokussiert sein. Wenn ich im Gespräch mit einem Mitarbeiter bin, liegt mein Fokus bei ihm. Da geht es nicht um mich und meine Kopfschmerzen oder Eitelkeiten. Die Innenarbeit, das Nachdenken über das Gespräch, das muss später stattfinden.

Bevor ich andere führen kann, muss ich also erst einmal bei mir aufräumen und mich selbst kennenlernen?

Es gibt drei Fragen zu klären – oft werden sie in ihrer Reihenfolge vertauscht.

- Wie führe ich mich selbst? Das ist ein lebenslanger Prozess – aber dem muss ich mich erst einmal stellen und verschiedene Kriterien anschauen: Wie organisiert bin ich? Wie halte ich Maß – zum Beispiel bei Essen und Trinken? Wie kann ich meine Emotionen führen? Wie manage ich meinen Alltag, mein Leben, meine Beziehungen?
- Von wem lasse ich mich führen? Wem gebe ich die Erlaubnis, in mein Leben zu sprechen, mir Anreize zu geben, mich zu verändern, zu korrigieren und infrage zu stellen?
- Wie führe ich den anderen?

Der amerikanische Pastor Craig Groeschel hat die Formulierung »Leading from the middle«[14] geprägt und meint damit, dass man mitunter nicht nur seine direkten Mitarbeitenden führt, sondern auch nach oben, nämlich Vorgesetzte. Wie kann das gelingen?

Eine Führungskraft ist oft eingebettet in etwas Größeres. Viele Abteilungsleiter befinden sich in einer Sandwich-Position zwischen Vorgesetzten oben und den Mitarbeitenden unten. Ob deren Potenzial genutzt wird, hängt sehr stark vom Zusammenspiel mit dem Chef ab. Dafür muss man für sich Klarheit schaffen: Wie viel Einfluss habe ich und wo endet er? Gibt mir der Chef die Erlaubnis, auch ihn in einem gewissen Maß zu führen? Erlaube ich es mir selbst, auf offene und ehrliche Weise mit ihm zu kommunizieren? Wenn hier eine Barriere besteht, wird sich das auch in der Führung nach unten widerspiegeln.

Wie kommuniziere ich mit meinem Chef oder meiner Chefin? Kann ich mir als Abteilungsleiterin erlauben, ihn oder sie zu kritisieren und Dinge zu spiegeln?

Jeder Mensch bringt Fehler, Stärken, Schwächen und Eigenar-

---

14 Craig Groeschel Leadership Podcast: »Leading from the middle«, Life Church, 4. Dezember 2019.

ten mit – auch Vorgesetzte. Wenn man mit ihnen von Mensch zu Mensch sprechen kann, eine Herzensverbindung aufbauen kann und sie mir die Erlaubnis geben, in ihr Leiten reinzusprechen und ich auch ihnen diese Erlaubnis gebe, dann werden wir zu einem super Team. Hier haben Frauen durch ihre Beziehungsorientierung eine große Stärke und es kann ihnen gelingen, den Chef oder die Chefin in die Arbeit der Abteilung mitzunehmen. Wer also korrekturfähige Vorgesetzte hat, sollte diesen Einfluss unbedingt nutzen und auch nach oben führen.

Helfen im Berufskontext christliche Werte?

Christliche Werte helfen immer! Es ist sehr faszinierend, wie moderne Erkenntnisse zu Führung und Psychologie immer mehr auf die christlichen Werte zurückkommen. Früher war eine Führungskraft eine unnahbare Autoritätsperson. Davon ist man inzwischen weit entfernt – zum Glück! Heute ist eine gute Führungskraft eine Person, die mein Herz berührt, der ich vertrauen kann, der ich folge, weil sie etwas an sich hat, das ich anziehend und inspirierend finde. Da sind wir voll im christlichen Werte-Kodex: Vertrauen, Zuverlässigkeit, Ehrlichkeit, Authentizität, Respekt, Rücksichtnahme. Leider wird »christlich« oft mit »schwach« oder einer Ja-und-Amen-Mentalität verwechselt. Das Gegenteil trifft zu: Es zeugt von Stärke, Verantwortung für mein Handeln zu übernehmen, nicht auf mir herumtrampeln und mich als Mülleimer für schlechte Laune benutzen zu lassen. Jesus ist auch nicht als Fußabtreter am Kreuz gestorben, sondern aus freien Stücken. Das ist Größe! Es zeugt von Stärke, in Selbstwürde Grenzen zu setzen und zu bestimmen, wie weit ich mitgehe. Zum Beispiel sagte Jesus, dass man nicht nur eine Meile mit jemandem gehen sollte, sondern auch noch eine zweite – und zwar aus freien Stücken! Im historischen Kontext musste man nämlich mit einem römischen Hauptmann eine Meile mitgehen, um sein Soll zu erfüllen. Damit zeigt man dem Gegenüber Würde, Stärke und Respekt. Das ist für mich ein christlicher Kontext, der unbedingt zu Führung passt – und all das kommt in moderner Führungsliteratur und in Coachings sehr zum Ausdruck. So wie Jesus mit den Menschen umgegangen ist – klärend, aber immer wertschätzend –, ist er für mich die Führungskraft par excellence. In diesem Sinne ist die christliche Ethik unbedingt die Basis von guter Führung – aus einer Position der Stärke, nicht aus Schwäche heraus. Denn christliche Werte fangen mit Selbstrespekt an: Ich liebe den anderen *wie mich selbst.*[15] Das heißt, ich gebe mir selbst Wert und Würde, weil Gott sie mir zuspricht. So kann ich selbst-bewusst handeln.

---

15 Markus 12,31

3

FINDE DEINEN PERSÖNLICHEN FÜHRUNGSSTIL

Nun ist die Basis gelegt: Du weißt, dass du als Frau eine Berechtigung – gewissermaßen eine Berufung – hast, deine Leitungsaufgabe wahrzunehmen, du weißt, wie wichtig Vorbereitung auf diese Führungsaufgabe ist, und du weißt, dass sich gute Führung frei macht von allzu stereotypen Zuschreibungen von Fähigkeiten. An dieser Stelle könnte die große Preisfrage lauten: Wie finde ich nun meinen Führungsstil? Wie funktioniert »Leiten auf Weiblich«, wenn es doch eigentlich gar keine »weibliche Führung« gibt?

Gute Frage! Ich persönlich glaube, dass es wenig sinnvoll ist, sich einen Führungsstil aus den vielen Büchern auszusuchen und zu entscheiden: So führe ich jetzt. Denn das wäre nicht nur wenig authentisch, sondern würde unter Umständen gar nicht zu deiner Persönlichkeit passen. Deswegen ist dieses Buch nach den einleitenden Kapiteln in vier große Teile gegliedert. Ich glaube, dass sich dein persönlicher Führungsstil aus der Kombination dieser vier Komponenten entwickelt: deinem Ich (Teil 1), deinem Gegenüber (Teil 2), deinem Umfeld (Teil 3) und deiner Spiritualität (Teil 4).

Voraussetzung 1: Erkenne dich selbst

Manchmal fällt es leichter zu verstehen, wie wir ticken oder was uns zur Weißglut treibt, wenn wir uns einer Persönlichkeits-Typologie zuordnen können. Eine solche Systematik kann das entlastende Gefühl mit sich bringen: Nicht nur ich bin so – es gibt noch andere meines Schlags! Sich selbst und die eigene Persönlichkeitsstruktur zu kennen, hilft außerdem dabei zu erkennen, welche Arbeitsweise dir eher zusagt und welche gegebenenfalls erlernt und antrainiert werden muss: Wer extrovertiert ist, wird nicht zurückgezogen in seinem Kämmerlein sitzen und allein Entscheidungen treffen. Eine Introvertierte schwingt selten von sich aus große Reden vor Publikum. Einem dominanten Persönlichkeitstyp wird es schwerfallen, die Bedürfnisse seiner stetigen Mitarbeitenden wahrzunehmen. Ein Mensch mit einer ordnungsliebenden Tiefenstruktur wird nicht immer spontan und flexibel sein. Viele dieser Verhaltensweisen sind erlernbar. Unsere Persönlichkeit trägt allerdings zu einem erheblichen Teil dazu bei, wie wir auf natürliche Art und Weise führen.

Auch *Werte und Grundüberzeugungen* formen dein Ich. Nach welchem moralischen Kompass richtest du deine Handlungen aus? Nach welchen Werten lebst du? Klare und feste Werte geben im Entscheidungsfindungsprozess nicht nur dir Orientierung und Struktur, sondern auch deinem Team. In den folgenden Kapiteln wirst du die drei wichtigsten Werte deiner Leitungsaufgabe herausfinden. Grundsätze machen sie greif- und umsetzbarer. Aus durchführbaren Verhaltensweisen entsteht Charakter.

Voraussetzung 2: Erkenne dein Umfeld

Auch dein Umfeld hat Einfluss darauf, wie du leitest. Manchmal ist uns das weniger bewusst – beispielsweise, wenn in der vorherrschenden Unternehmenskultur unbezahlte Überstunden erwartet werden, aber auch wenn Vorgesetzte mit ihrem Mikromanagement in die Arbeit ihres Teams eingreifen oder ganz positiv durch gelebte Wertschätzung. Manchmal ist uns der Einfluss unseres Umfelds hingegen sehr bewusst, etwa weil unsere Familienkonstellation oder unsere gewählte Freizeitgestaltung ein bestimmtes Lebens- und Arbeitsmodell erfordern, dass das Leiten einfacher oder herausfordernder macht.

Doch egal, wie dein privates und berufliches Umfeld aussehen mag und ob es dir wie der Idealzustand erscheint oder nicht – du kannst ein Segen sein, um andere in die Weite zu führen. Dein Umfeld prägt dich und deinen Führungsstil und ebenso kannst du mit deinem Sein und Führen dein Umfeld prägen.

Um dein Umfeld – und deine Rolle darin – besser kennenlernen zu können, kann es hilfreich sein, dir folgende Fragen zu stellen:

- Hast du die persönlichen und zeitlichen Ressourcen sowie Kapazitäten, diese Aufgabe anzunehmen?
- Achtest du auf eine ausgeglichene Work-Life-Balance?
- Welche Rolle spielt deine Funktion als Führungskraft dabei?
- Bist du unersetzbar für die Firma?
- Hast du das Gefühl, durch Mikro-Management deine Position festigen und sicherstellen zu müssen?
- Spielst du bei anstehenden Entscheidungen die »Chef-Karte« aus oder bist du bereit, dich auf eine partizipative Entscheidungsfindung mit dem Team einzulassen?
- Wofür wird deine Führungskompetenz gebraucht?
- Was wird von dir als Leiterin unternehmensintern und von den Vorgesetzten erwartet?

Voraussetzung 3: Erkenne dein Gegenüber

Wer sich selbst kennt, dem fällt es leichter, andere Persönlichkeitstypen zu identifizieren. Denn das Aufeinandertreffen mit »stacheligen Persönlichkeiten«[16] ist unausweichlich – oder mit Zeitgenossen, die uns durch ihre Andersartigkeit herausfordern. Eine versierte Menschenkenntnis und die Fähigkeit, jedem aufgeschlossen und unvoreingenommen zu begegnen, gehören zu den hilfreichsten Tools einer Führungskraft.

Dabei sind besonders die *Annahmen und Gedanken über deine Mitarbeitenden* entscheidend: Welche Grundannahmen triffst du über sie? Denkst du gut von deinem Team? Siehst du in ihnen grundsätzlich fähige, selbstständige und motivierte Mitarbeitende – oder traust du ihnen gar nicht zu, dass sie die an sie gestellten Anforderungen zu deiner Zufriedenheit erledigen können? Siehst du in ihnen Potenzial, das gefördert werden kann, oder hoffnungslose Fälle, deren Einwände man nicht allzu ernst nehmen sollte, weil sie sich nur gegen zu viel Arbeit wehren? Eine Überzeugung könnte beispielsweise sein: Die Mitarbeitenden und ihre persönliche sowie berufliche Entwicklung liegen mir am Herzen – denn solche Mitarbeitenden können ihre eigenen Grenzen sprengen, über sich selbst hinauswachsen und schlussendlich auch der Unternehmung wirtschaftlichen Erfolg bringen.

Voraussetzung 4: Erkenne deine Spiritualität

Als Spiritualität könnte man auch deinen Sinn im Leben oder das, was dich inspiriert und dir Kraft gibt, bezeichnen. Ich persönlich ziehe sehr viel aus dem christlichen Glauben und halte

---

16 Jörg Berger/Monika Bylitza: Stachelige Persönlichkeiten im Business – Mit schwierigen Mitarbeitern, Kollegen und Vorgesetzten erfolgreich zusammenarbeiten, Francke, Marburg 2019.

daher diese Komponente eines »geistlichen Lebens« für unabdingbar – besonders bei der Führung von Menschen. Sicherlich kommt man mit Managementregeln aus Führungsbüchern schon recht weit – doch noch viel segensreicher und blühender ist Leitung, die unter Gottes Führung und mit der Offenheit geschieht, dass der Geist Gottes uns von geschmiedeten Plänen abbringen darf und stattdessen wahre Erkenntnis und Urteilsvermögen schenkt. Meistens sind es kleine Impulse und kurze Gedanken, denen ich im Vertrauen nachgehe – oft ohne zu wissen, ob es funktionieren wird. In Teil 4 wirst du lesen, warum wir als Leiterinnen auch für die geistliche Leitung unseres Teams Verantwortung tragen und wie das aussieht. Wenn dir diese Themen gänzlich neu oder fremd sind, dann würde ich mich freuen, wenn du dem Ganzen trotzdem eine Chance gibst. Willst du tiefer in das Thema der »geistlichen Führung« einsteigen, wirst du bei den weiterführenden Leseempfehlungen am Ende des Buches fündig.

Die Summe aller Einzelteile: dein persönlicher Führungsstil

Aus diesen vier Voraussetzungen entsteht ein individueller Führungsstil, der zu dir passt und für den du dich nicht in eine Rolle zwängen lassen musst, die dir nicht steht. Gleichzeitig sollte diese Erkenntnis aber kein Vorwand sein, um Veränderungen mit verschränkten Armen zu begegnen. Die Voraussetzungen haben nichts bis wenig mit expliziter »Weiblichkeit« zu tun – sie sind also nicht nur dezidiert für Frauen anwendbar. Deine Weiblichkeit fließt automatisch in deinen Führungsstil mit ein – weil du einfach du selbst bist: Eine Frau nach dem Herzen Gottes, die ihr Führungspotenzial ausschöpft. Natürlich gibt es Themen, die speziell Frauen in Führungspositionen beschäftigen – auf diese Themen werde ich in den kommenden Kapiteln gesondert eingehen.

TEIL 1:

ERKENNE DICH SELBST

»Nur wer sich ehrlich
auf die Suche nach sich
selbst macht,
kann ehrliches Interesse
und Wertschätzung für
andere zeigen.«

Kann man das Leiten lernen?«, fragte ich den Mann mittleren Alters, gegenüber dem ich an einem freien Tisch Platz genommen hatte. Im Rahmen von Coaching-Sessions auf einem Kongress für Führungskräfte warteten wir beide – er auf den nächsten Coachee, ich auf meine Coachin. Kurzerhand nutzten wir die Zeit und sprachen miteinander. »Man kann lernen, sich selbst zu kennen«, antwortete er mir. Eine gute Selbst- und Menschenkenntnis sei das Grundwerkzeug.

Leiterschaft ist kein Selbstzweck oder Egoboost: Es geht darum, andere Menschen zu führen, ihr Potenzial zu erkennen, sie zu fördern. Darum wird es im zweiten Teil dieses Buches gehen (Teil 2: Erkenne dein Gegenüber). Doch um andere Menschen leiten zu können, braucht es zunächst eine sorgfältige Beschäftigung mit dem eigenen Sein und der persönlichen Identität, mit Charakterstärken und -schwächen, mit der eigentlichen Motivation und dem, was uns wirklich antreibt.

Nur wer sich selbst (er-)kennt und gnädig mit sich umgeht, kann auch die erkennen, für die er Verantwortung trägt, und gleichermaßen Gnade mit ihren Ecken und Kanten zeigen, während er sie auf ihrem Prozess begleitet. Nur wer sich ehrlich auf die Suche nach sich selbst macht, kann ehrliches Interesse und Wertschätzung für andere zeigen. Bekannte Leadership-Autoren wie der US-Amerikaner John C. Maxwell und der Schweizer Thomas Härry folgen diesem Gedanken. Ihre publizistische Arbeit zum Thema begannen sie mit Büchern über die Entwicklung des Leiters selbst: »Develop the Leader Within You« (Maxwell, 1993) und »Die Kunst, sich selbst zu führen« (Härry, Frühjahr 2015). Erst dann kann sich der reife Leiter damit beschäftigen, andere zu führen: »Develop The Leader Around You« (Maxwell, 1995) und »Die Kunst, andere zu führen« (Härry, Herbst 2015). Deswegen hat der erste Teil dieses Buches den Fokus: Erkenne dich selbst. Denn Leiterschaft ist immer auch eine Suche nach sich selbst.

Ich bin (k)ein Leiter-Typ

Jeder von uns kennt einen Leiter oder eine Leiterin, der oder die durch ihre natürliche Dominanz, Redegewandtheit und visionäre Ideen andere Menschen anzieht wie das Licht die Motten. Sie haben Charisma, Selbstbewusstsein und die vielgesuchte Durchsetzungsfähigkeit. In Gruppen übernehmen sie natürlicherweise die Führung und bestimmen Entscheidungsprozesse maßgeblich (mit), da sie überzeugend begeistern und schnell Entscheidungen treffen können. Sie lieben die Herausforderung und den Wettbewerb. Oft sind das genau die Menschen, denen man nachsagt, »geborene Leiter« zu sein.

Interessanterweise waren oft genau die »geborenen Leiter« der Grund, warum ich mich lange Zeit nicht als Leiterin gesehen und mein eigenes Potenzial nicht erkannt habe. Ich kann mich jedenfalls nicht erinnern, dass man mir als Mädchen Attribute wie »willensstark« zugeschrieben hätte (was mittlerweile oft synonym für »Leadership-Skills« verwendet wird).

Fast alle Stellenausschreibungen für zu besetzende Führungspositionen beinhalten die oben genannten Qualitäten – die es ohne Zweifel braucht. Eine Führungskraft, die ohne Vision leitet oder andere Menschen nicht für sie begeistern kann, wird es schwer haben, in die erfolgreiche Umsetzung zu kommen. Gleichzeitig müssen wir uns vom Leadership-Mythos des Alpha-Tiers verabschieden, das noch immer als einzige Leitungsfigur allgemeinhin akzeptiert wird. Ich gehöre beispielsweise eher zur Gruppe der Fleißigen und Stetigen. In unbekannten Situationen oder beim Kennenlernen neuer Menschen bin ich zunächst zurückhaltend-beobachtend, außerdem diszipliniert und bodenständig, mit dem Blick fürs Detail. Das klingt zunächst nicht besonders sexy – und auch nicht unbedingt nach Führungsqualitäten. Können Menschen, die introvertiert sind, die keine typische »Leiterpersönlichkeit« mitbringen, dennoch gute Leiterinnen und Leiter sein?

Antwort finde ich beim führenden Management-Vordenker Fredmund Malik. In seinem Grundlagen-Klassiker »Führen Leisten Leben« kommt er zu dem Schluss: Die ideale Führungskraft gibt es nicht – auch wenn gängige Management-Literatur und -mythen etwas anderes behaupten.

»Manche Manager entsprechen durchaus dem heute geforderten Idealbild des Kommunikators, sind extrovertiert und können leicht Kontakte herstellen, das hat ihnen vermutlich vieles im Leben leichter gemacht. Sehr viel mehr Manager hingegen sind eher introvertierte Menschen, manche sind im Grunde ihres Wesens sogar schüchterne Leute, die an Händen und Füßen zu schwitzen beginnen, wenn sie vor mehr als drei Personen eine Rede halten sollen – und sind genau gleich gut. Manche haben die praktisch durchgängig geforderte Ausstrahlung, sie sind das, was man eine Persönlichkeit zu nennen pflegt; ihre Präsenz ist physisch spürbar, sobald sie in einen Raum treten – das mag für ihren Erfolg wichtig gewesen sein; andere haben davon gar nichts, sind unscheinbare Menschen, die außerhalb ihrer organisatorischen Umgebung niemandem auffallen – aber ihre Leistungen stehen denen anderer nicht nach. Manche sind auf Äußerlichkeiten bedacht, gestylt; das mag in gewissen Branchen und Positionen wichtig sein; andere legen darauf überhaupt keinen Wert – und sind genau gleich gut. Manche sind als Menschen interessant, andere eher langweilig; manche haben sprühenden Charme, andere bestenfalls das Flair einer toten Maus.«[17]

Aufatmen für alle, die bisher in der Spannung gelebt haben, nicht dem Idealbild einer Leiterin zu entsprechen, und gleichzeitig Führungsbegabung oder -berufung auf ihrem Leben spürten. Wenn es keinen idealen Leiter gibt – weil er eine Utopie ist –, dann können wir doch wenigstens die beste Leiterin wer-

17 Fredmund Malik: Führen Leisten Leben – Wirksames Management für eine neue Zeit, Campus, Frankfurt/Main 2013, S. 37 f.

den, die nur wir sein können. Für Malik ist nicht entscheidend, wie ein Manager ist, sondern wie er handelt: »Der Schlüssel zu den Leistungen wirksamer Menschen – der Performer – liegt in der *Art ihres Handelns*« – nicht in der Persönlichkeit, nicht im Charakter, in Herkunft, Bildung oder der Einhaltung von Tugenden. Ich glaube allerdings, dass unsere Identität als christliche Leiterinnen in Jesus liegt und nicht nur unser Handeln beeinflusst, sondern auch unseren Charakter formt. Dabei mag es richtigerweise unwichtig sein, zu welchem Persönlichkeitstyp oder Kirchengemeinde wir uns zugehörig fühlen – es zählt einzig und allein, wie wir handeln, und die Herzenshaltung dabei.

Die Suche nach mir selbst

Als sich kein Nachfolger für die Jugendzeitschrift finden wollte, für die ich ehrenamtlich in meiner Freizeit schrieb, übernahm ich mit 22 Jahren die Redaktionsleitung. Ich hatte gerade meinen Bachelor-Abschluss in der Tasche und merkte schnell: Wer nicht weiß, wie er tickt, erkennt in der Zusammenarbeit mit anderen zwar sehr schnell seine Stresspunkte und Trigger, kann sie aber weder einordnen noch reflektieren, geschweige denn bearbeiten oder verbessern. Also machte ich mich auf die Suche nach mir: Wie bin ich eigentlich? Was kann ich gut und was mag ich an mir? Wie reagiere ich unter Stress? Wo sind meine Schwachstellen? Was motiviert mich?

Augenöffnend war für mich die »AECdisc Potenzialanalyse«, die sich am klassischen DISG-Modell und seinen vier Typen Choleriker, Sanguiniker, Melancholiker und Phlegmatiker orientiert, aber detailliertere Ausprägungen identifiziert (Initiator, Motivator, Kommunikator, Berater, Unterstützer, Koordinator und Analytiker). Dieses Modell ist ein Tool zur Persönlichkeitsdiagnose, das durch Abfragen von Verhaltensweisen und Motiven dafür eingesetzt wird, Führungs- oder Verkaufskompetenzen festzustellen.

Der Test weist unter anderem auch den sogenannten »Komplementärtyp« aus – also genau die Verhaltensmerkmale, die bei mir selbst schwach bis gar nicht ausgeprägt sind und damit starke Kontraste darstellen. Konflikte mit dem Komplementärtyp sind programmiert, wenn man ihn als Störenfried betrachtet und nicht als wertvolle Ergänzung im Arbeitsumfeld. In meinem Fall prallen Organisation und Struktur auf Intuition und Chaos. Routine und Detailplanung treffen komplementär auf das Streben nach Abwechslung und Herausforderungen, stetig trifft auf stetig wandelbar. Ein vorsichtiger Entscheider wie ich kriegt Schnappatmung bei einem risikofreudigen und spontanen Entscheider. Meiner Erfahrung nach sind die Verhaltensweisen von Kollegen, die mich am meisten herausfordern, auch diejenigen, die mir und meinem Typ fremd sind. Dabei sind das meist genau die Eigenschaften, die unserer Zusammenarbeit die nötige Diversität und Horizonterweiterung verschaffen, damit Projekte gelingen können. Dafür braucht es zum einen das Wissen um diesen Umstand und zum anderen die Erkenntnis, dass diese Eigenschaften nicht zu ändern, sondern nur an den richtigen Stellen einzusetzen sind, um sie gewinnbringend in ein Team oder ein Projekt zu integrieren. Wer visionär und innovativ denkt, sollte sein Team beispielsweise mit einem Mitarbeitenden ergänzen, der die Detailplanung im Blick hat und die Umsetzung termingerecht einhalten kann. Die Selbst- und Fremderkenntnis ist also im Hinblick auf die aktuelle Teamkonstellation und zukünftige Stellenbesetzungen ein wichtiger Schlüsselfaktor. Nur so werden wir feststellen, ob wir der »Sozialen Homophilie« aufliegen, also dem Phänomen, eher diejenigen Bewerber einzustellen, die uns selbst ähnlich sind. Dies ist oft bei der Besetzung von höheren Führungspositionen zu beobachten: Männer befördern bevorzugt Männer in Positionen wie den Verwaltungsrat oder die Geschäftsführung, selten eine Frau. Im Hinblick auf den schon angesprochenen »Thomas-Kreislauf« sagt Dr. Wiebke Ankersen von der AllBright Stiftung: »Dass Thomasse immer weitere Thomasse rekrutieren, die ihnen ähnlich sind, ist in erster Linie bequem für die Thomasse, aber nicht gut für die Unternehmen. Homogenität fühlt sich einfach und angenehm an, Vielfalt ist anstrengender – aber eben auch produktiver.«[18]

Weitere Tipps zur Persönlichkeitsfindung

Wenn du nicht die Möglichkeit für einen umfassenden Persönlichkeitstest hast, du dir selbst aber trotzdem auf die Spur kommen möchtest, gibt es zahlreiche hilfreiche alltagspsychologische Persönlichkeitstypenlehren wie das Enneagramm[19] oder den Clifton-Strengths-Test (Gallup Report). Auch das kleine und auf den ersten Blick unscheinbare Buch »Meine Happy-Listen« von Annette Penno[20] hat mich herausgefordert, tief in meinen Erinnerungen und meinem Innersten zu kramen, um einige Fragen über mich beantworten zu können. Oder weißt du auf Anhieb, warum du gern mit dir selbst befreundet wärst? Wobei du als Kind die Zeit vergessen hast? In »Meine Happy-Listen« entdeckst du, was dich ausmacht, indem du nach und nach eine Schicht deines Lebens genauer anschaust: dein Umfeld und dein Verhalten, deine Fähigkeiten und deine Werte, deine Identität und deine Vision.

Empfehlenswert finde ich auch den Jahreskalender »Ein guter Plan«[21]. Seine Texte und Struktur helfen dabei, Stresspunkte zu identifizieren, Erlebtes zu reflektieren und wirksame Achtsamkeitsrituale zu etablieren: ideal für (angehende) Führungs-

---

18 Claudia Bender: Der Chef heißt Thomas und ist 55, Woman at Work, https://women-at.work/der-chef-heisst-thomas-und-ist-55-warum-es-so-wenig-frauen-in-unseren-vorstaenden-gibt/ (letzter Zugriff am 04.02.2021).

19 vgl. Suszanne Stabile/Ian Morgan Cron: Wer du bist – Mit dem Enneagramm sich selbst und andere besser verstehen, Gerth, Asslar 2017.

20 Annette Penno: Meine Happy-Listen – Finde heraus, was dich glücklich macht, SCM, Holzgerlingen 2019.

21 Jan Lenarz: Ein guter Plan 2020. EPG, Berlin 2019.

kräfte, um eine ausgewogene Balance zwischen Arbeit und Selbstfürsorge zu entwickeln.

Abgesehen von Persönlichkeitstests und Selbstreflexion gibt es viele weitere Möglichkeiten, sich selbst besser kennenzulernen. Das ehrliche Feedback von wohlmeinenden, engen Freunden, Familienmitgliedern und Beratern ist sicherlich eine davon. Dennoch sollten wir auch das kritisch reflektieren: Nicht alles, was uns »wohlwollend« als Charaktereigenschaft zugeschrieben oder von außen gespiegelt wird, trifft tatsächlich zu. Es braucht Weisheit, um Wahrheit von Lügen zu unterscheiden – gleichzeitig braucht es Demut, um gegebenenfalls unbequeme Wahrheiten annehmen zu können. Auch eine realistische Einschätzung dessen, was wir nicht können, ist wertvoll – so können wir uns mit Menschen und Mitarbeitenden umgeben, die unsere Unzulänglichkeiten ausgleichen und Stärken ergänzen.[22]

Warum es wichtig ist zu wissen, wer wir sind

Unabhängig von unseren Charaktereigenschaften, Schwächen und Talenten ist die Erkenntnis des eigenen Ichs eine zutiefst grundlegende. Unter einer Leiterin mit einer gefestigten Identität können Mitarbeitende und Unternehmen aufblühen. Thomas Härry schreibt dazu:

»Leitende, deren Selbst geschwächt ist, sind (...) gefährdet. Sie gefährden als Erstes sich selbst. Die Art und Weise, wie sie ihre Aufgaben wahrnehmen, sind vom Bemühen durchdrungen, sich selbst und den Menschen zu beweisen, dass sie jemand sind. Etwas können. Anerkennung und Bewunderung verdienen. Wer immer ihnen nicht den erwarteten Zuspruch gibt, kratzt ihr verunsichertes Selbst an. Wird

---

22 Weitere Persönlichkeitstests wie das Stärkenpuzzle oder das Differenzprofil finden sich in: Thomas Härry: Von der Kunst, sich selbst zu führen © 2015/2020 SCM R.Brockhaus in der SCM Verlagsgruppe GmbH, Witten/Holzgerlingen, S. 324–326.

zum Gegner, zum Feind. Ihr Leiten besteht im Wesentlichen in dem Versuch, die Überreste ihrer geschwächten Identität mit allen Mitteln und Methoden zu verteidigen. Menschen oder Aufgaben sind für sie nichts anderes als von außen herbeigeholte Stützbalken ihres angeschlagenen Selbst. Es fehlt die eigene innere Stabilität. Damit gefährden sie als Zweites auch die Menschen, die sie führen. Statt ihnen zu dienen, brauchen und verbrauchen sie sie für sich.«[23]

Hier müssen wir ehrlich sein: Besonders wir Frauen (ich ertappe mich selbst dabei) stehen in der Gefahr, das Gefühl zu haben, uns und unseren Wert beweisen zu müssen: Männern gegenüber, die uns in unserer Leitungsfunktion nicht ernst nehmen. Frauen gegenüber, die uns zur Konkurrenz werden könnten. Einer Gesellschaft, Kultur oder Gemeinschaft gegenüber, die Frauen in gewissen Bereichen (noch immer) diskriminiert und unterdrückt. Das Problem: Dabei verlieren wir uns selbst – die innere Stabilität, von der Thomas Härry spricht. Wer seine Anerkennung und Bewunderung bei Menschen sucht – und dies Hauptmotivation des Leitens ist –, wird früher oder später Schaden anrichten. Bei sich selbst und anderen.

Warum leiten wir?

Es hilft, an dieser Stelle kurz unsere innere Motivation zu prüfen: Leiten wir aus reiner Selbst- und Egobefriedigung heraus? Wollen wir unseren Wert steigern, weil mit Leitung oft Prestige und Anerkennung verbunden sind? Eine weitverbreitete Annahme ist ja: Wer leitet, der kann was, der ist gut, dem hört man zu. Leitet eine Frau, verstärkt sich ihr Ansehen noch – denn wenn sie als Frau leitet, dann muss sie *wirklich* gut sein! Stehen wir vielleicht unter Erfolgs- und Leistungsdruck, weil erwartet wird, dass wir die Familientradition weiterführen (den elterlichen Be-

23 Ebd., S. 78.

trieb übernehmen, eine Akademiker- und Führungskarriere einschlagen)? Streben wir eigentlich nur nach den positiven finanziellen Nebeneffekten, um endlich nicht mehr jeden Cent dreimal umdrehen zu müssen? Natürlich ist es durchaus legitim, wenn einer dieser Gründe die treibende Motivation auf dem Weg zur Führungskraft ist – dennoch sollten wir uns bewusst sein, dass wir uns und anderen mehr schaden als nützen, wenn unser Leiten allein auf diesen Motivationen aufbaut.

Wer nicht wegen der Anerkennung anderer leitet, sondern aus einem gefestigten Selbst heraus, kann ein Segen für Mitarbeitende und das Unternehmen sein. »Ein gefestigtes Selbst zu haben, ist deshalb so wichtig, weil es sich nicht nur auf unseren Umgang mit uns selbst auswirkt, sondern auch auf unsere Beziehungen und die Gestaltung unserer Aufgaben«, schreibt Thomas Härry.[24] Als Frauen, die wertorientiert führen wollen, müssen wir nicht nur wissen, aus welcher Motivation heraus wir leiten, sondern auch, wer wir sind und wer uns unseren Wert zusprechen darf. Ich persönlich glaube, dass dies nur von einer Stelle kommen kann: von Gott. Der Gott der Bibel spricht uns Wert zu – allein durch unsere Existenz. So viel Wert, dass er uns erschaffen hat (vgl. Psalm 139,13–14), kennt (Jeremia 1,5) und rettet (1. Johannes 4,10). So viel Wert, dass er uns Königskind nennt: »Von allem Anfang an hat er uns dazu bestimmt, durch Jesus Christus seine Söhne und Töchter zu werden. Das war sein Plan; so hatte er es beschlossen« (Epheser 1,5 NGÜ). So viel Wert, dass er uns ausgestattet hat mit Fähigkeiten, um sie zu seiner Ehre einzusetzen (1. Petrus 4,10). All das – unsere Identität als Kind und Erbe Gottes – bleibt bestehen, auch wenn wir (nicht nur als Führungskraft) scheitern.

Bereits einige Jahre bevor ich die Chefredaktion von »Youngsta« abgab, fragte ich mich immer wieder: Wer bin ich, wenn ich nicht mehr leite? Macht diese Position etwas mit mir und

---

24 Ebd.

meinem Herzen, mit meinem Wert? Will ich nur noch leiten, weil mir die Position der Leiterin gefällt oder um mein Ansehen nicht zu verlieren? Leite ich eigentlich noch um der Sache und der Menschen willen? Habe ich genug Kraft, um jene Vision zu verfolgen, die mich damals dazu bewogen hat, überhaupt mit dem Leiten anzufangen? Als ich schließlich all diese Fragen für mich ehrlich beantworten konnte, habe ich die Leitung von Youngsta abgegeben. Danach passierte: nichts. Ich habe weder meine Identität verloren noch meinen Wert. Mein Selbst war auch ohne konkrete Leitungsaufgabe stabil.

Gefestigte Menschen wurden auch zu biblischen Zeiten schon für Leitungspositionen eingesetzt. In 1. Timotheus 3,1–7 finden wir Hinweise darauf, nach welchen Kriterien ein Leiter (damals im Kontext der Gemeindeleitung) ausgewählt wurde. Zwar werden hier primär die Männer angesprochen, doch die genannten Kriterien treffen ebenso auf weibliche Leiterinnen zu, da wir den gleichen hohen Ansprüchen gerecht werden müssen. Naturgemäß werden wir sehr genau beobachtet und haben eine Vorbildfunktion – besonders für die jüngeren Leiterinnen, die nach uns kommen. Deswegen erlaube ich mir, diesen Text[25] in eine weibliche Form zu übertragen:

»Es heißt – und das ist ein wahres Wort –: ›Wenn sich jemand um ein leitendes Amt in der Gemeinde bemüht, strebt er nach einer großen und ehrenvollen Aufgabe.‹ Darum kommt als Leiterin nur jemand infrage, die ein untadeliges Leben führt. Sie muss ihrem Mann treu sein und sich durch Besonnenheit und Verantwortungsbewusstsein auszeichnen. Ihr Verhalten darf keinen Anstoß erregen, sie muss gastfreundlich sein, und sie muss fähig sein zu lehren. Sie darf weder alkoholsüchtig sein noch zur Gewalttätigkeit neigen, muss freund-

25 Neue Genfer Übersetzung. Neues Testament, Psalmen und Sprüche. Koedition Genfer Bibelgesellschaft / Deutsche Bibelgesellschaft. Stuttgart / Romanel-sur-Lausanne, 2015. Eigene Übersetzung ins Weibliche.

lich sein, darf keinen Streit suchen und darf nicht am Geld hängen. Sie muss sich in vorbildlicher Weise um ihre Familie kümmern und ihre Kinder zum Gehorsam erziehen und dazu anhalten, ein glaubwürdiges Leben zu führen. (Oder kann jemand für ein Unternehmen sorgen, wenn sie nicht einmal imstande ist, sich um die eigene Familie zu kümmern?) Sie darf nicht erst kurze Zeit vorher zum Glauben gekommen sein; sonst könnte es geschehen, dass sie sich auf ihre Stellung etwas einbildet, und dann könnte sie der Teufel zu Recht anklagen. Es ist aber auch wichtig, dass sie außerhalb des Unternehmens einen guten Ruf hat; denn wenn übles Gerede über sie verbreitet wird, könnte das der Teufel als Schlinge benutzen, um sie zu Fall zu bringen.«

Was macht das Gelesene mit dir? Ist es ein zu hoher Anspruch, den wir als Leiterinnen erfüllen müssen, oder nur das Mindestmaß? Auch hier sehen wir, dass es in diesem Text bei den Qualitäten einer Leiterin und eines Leiters nicht um Persönlichkeitsstrukturen geht (introvertiert, extrovertiert, charismatisch, beobachtend ...), sondern um Fähigkeiten, die Leiter mitbringen sollten – Fähigkeiten, die ihr Handeln prägen werden.

Zum Schluss dieses Kapitels möchte ich dich auf zwei Bücher hinweisen, die meinen eigenen Horizont maßgeblich erweitert haben und eine ideale Ergänzung sind:

»Dare to Lead – Führung wagen« von Brené Brown[26]
Die Bücher der texanischen Sozialwissenschaftlerin Brené Brown (u.a. »Verletzlichkeit macht stark«, »Die Gaben der Unvollkommenheit«) wurden zu »New York Times«-Bestsellern. Ihr Netflix-Talk »Call to Courage« ist eine Fortsetzung des Milli-

---

26 Brené Brown: Dare to Lead – Führung wagen, Redline, München 2021. Die deutsche Ausgabe lag bei Drucklegung noch nicht vor.

onen Mal angeschauten TED-Talks »The Power of Vulnerability« (»Die Macht der Verletzlichkeit«). In ihrem 2018 erschienenen Buch »Dare to Lead«[27] überträgt Brené Brown die Erkenntnisse aus ihren Studien auf das Thema Führung und skizziert eine »mutige Leiterschaft« (»daring leadership«) als Gegenentwurf zu dem, was man mit »gepanzerte Leiterschaft« (»armoured leadership«) übersetzen könnte: ein Führungsstil, der uns davor bewahren soll, selbst verletzt und enttäuscht zu werden – der aber genau diese Verletzungen und Enttäuschungen beim Gegenüber auslöst.

Gepanzerte Leiterschaft	Mutige Leiterschaft
Fördert Perfektionismus und schürt die Angst zu versagen	Lebt eine gesunde Balance zwischen Leistung, Empathie und Selbstmitgefühl vor
Lässt keine Chance auf Freude oder Anerkennung beim Arbeiten zu	Ist dankbar, feiert Meilensteine und Siege
Lässt Gefühle nicht zu und unterdrückt sie	Weiß, wie man Grenzen setzt und wo echter Trost zu finden ist
Unterscheidet Sieger und Verlierer	Leitet ganzheitlich und ohne Schwarz-Weiß-Denken
Muss beweisen, im Recht zu sein	Ist offen, weiter zu lernen
Versteckt sich hinter zynischen Bemerkungen	Lebt Klarheit, Freundlichkeit und Hoffnung vor
Nutzt sarkastische Kommentare als Selbstschutz, verletzt dabei andere	Zeigt sich verletzlich
Übt Machtspielchen aus	Nutzt eigenen Einfluss für andere
Wertschätzt andere nur aufgrund ihrer Leistung	Wertschätzt andere unabhängig von ihrer Leistung
Führt, um zu kontrollieren	Fördert eine Kultur der Gemeinschaft

27 Brené Brown: Dare to Lead – Brave Work. Tough Conversations. Whole Hearts, Vermilion/Penguin, London 2018, S. 76 f. Eigene Übersetzung.

Setzt Angst und Unsicherheit bewusst als Mittel ein	Adressiert Ängste und Unsicherheiten, um sie zu verarbeiten
Etabliert Überarbeitung und Stress als Statussymbol, misst Selbstwert an Produktivität und Leistung	Integriert und fördert Ruhe, Spaß und Erholung
Unternimmt nichts gegen Diskriminierung	Bindet die Einzelnen in eine Kultur der Zugehörigkeit und des Zusammenhalts ein
Sucht die eigene Anerkennung	Verteilt Lob und Anerkennung
Weicht klaren Ansagen aus, ist sprunghaft in Entscheidungen	Redet und handelt integer und klar
Führt aus Verletzung (Grund für gepanzerte Leiterschaft)	Führt mit dem Herzen

»Die Kunst des Einflussnehmens« von Artur Siegert[28]

Artur Siegert ist leitender Pastor der Kirche für Oberberg und Initiator des »Momentum College«. Er hat das K5-Leitertraining gegründet und das »K5-Kompetenz-Modell« entwickelt, das aufzeigt, in welche fünf Bereiche Leiter und natürliche Einflussnehmer investieren sollten – nämlich in ihre Gottesbeziehung, ihren Charakter sowie ihre Selbst-, Führungs- und Fachkompetenz. »Die Kunst des Einflussnehmens« ist ein übersichtliches Arbeits- und Lernbuch, das genügend Raum für tiefere Reflexion lässt.

---

28 Artur Siegert: Die Kunst des Einflussnehmens – Wie du wirksam lebst und dein Umfeld prägst, SCM, Holzgerlingen 2019, S. 59.

4

VON FÜHRUNGSPERSÖNLICHKEITEN UND ALPHA-TIEREN

Welche Eigenschaften sind nun wichtig, um eine gute Leiterin zu werden? Gibt es Persönlichkeitstypen, denen es mehr liegt zu leiten als anderen – denen das Leiten im Blut liegt? Oder kann man es mit jeder Persönlichkeitsstruktur lernen, gut zu führen?

Diese Fragen habe ich Birgit Troschel gestellt. Sie ist Teil des Präsidiums der Internationalen Vereinigung Christlicher Geschäftsleute und Führungskräfte (IVCG). Als Diplom-Psychologin weiß sie, worauf es bei der Auswahl von Führungskräften ankommt und wonach sie bei einer Anwärterin für eine Führungsposition Ausschau hält. Im Gespräch verrät sie, warum Weiblichkeit und Führungseignung sich nicht ausschließen und warum man Menschen mögen muss, wenn man leiten will.

BIRGIT TROSCHEL (57) ist Diplom-Psychologin und arbeitet als Consultant, Coach und Trainerin: Sie ist Partnerin und Mitglied der Geschäftsleitung von Stettler Consulting AG, einem Schweizer Personaldienstleister im Gesundheitswesen. Auf drei Kontinenten aufgewachsen, hat Birgit ein enormes interkulturelles Wissen, das sie als Deutsche nicht nur beruflich, sondern auch für das Leben in der Schweiz einsetzen kann, wo sie seit 20 Jahren mit ihrem Mann und ihren beiden Söhnen wohnt.

Als Psychologin machst du Persönlichkeitstests mit Anwärtern für Führungspositionen. Gibt es einen typischen Leiter-Typen?

Vor allem in der Zeit, in der ich selbst jung war und geführt wurde, begegnete man häufig diesem klassischen »Alpha-Male« mit all den typischen Attributen. Dieser Leader-Typ wurde viel gesucht und war auch sehr erfolgreich. Aber in den letzten zehn Jahren haben sich die Kernkompetenzen von Leadern extrem verändert. Wir haben jetzt mit Gen Y die erste Generation, die ihren direkten Vorgesetzten in manchen Kernkompetenzen überlegen ist, zum Beispiel in der digitalen Kompetenz. Wir haben also mitunter sehr junge Leute, die keine Lebens- oder Führungserfahrung haben, aber in Bereichen, die für den Erfolg eines Vorgesetzten wichtig wären, qualifizierter sind. Plus: Es gilt nicht mehr das Führungsprinzip von »Command-and-Control« von oben nach unten. Die Arbeitsprozesse sind viel komplexer geworden, und es existieren heute flachere Hierarchien – dadurch wird das Führen viel anspruchsvoller.

Früher waren Chefs die klassischen Alpha-Tiere. Wer weder besonders dominant noch selbstsicher oder charismatisch war, dem fehlten auch Führungs-Qualitäten. Ist das heute noch so?

Im Corona-Lockdown gab es Untersuchungen, welche Leader mit dem Lockdown besser umgegangen sind. Angeblich war das Feedback der Mitarbeitenden bei solchen Führungskräften besser, die zupackend sind und »sichtbar« etwas erarbeiten, umsetzen und beitragen und quasi ein Teil des Teams sind – im Gegensatz zum charismatischen, extrovertierten Leader, der alle begeistert, aber wenig tatkräftig bei den Projekten mitarbeitet. Hier wird es in Zukunft noch einen großen Shift geben in den Core-Kompetenzen und was Mitarbeitende erwarten. Wenn die Probleme komplex sind, ist es auch rein wirtschaftlich nicht zielführend, wenn eine einzelne Person dominiert, da sie nicht alle Informationen haben kann, um die richtigen Entscheidungen zu fällen. Teamfähigkeiten, das Talent zu moderieren und Mitarbeitende zu empowern, sind wichtiger geworden.

Kann man mit jeder Persönlichkeitsstruktur Leiterin werden? Kann man das Leiten also lernen?

Ja, unbedingt! Vorausgesetzt man möchte das überhaupt. Nicht alle Menschen möchten Verantwortung für ein Team übernehmen. Wir unterscheiden Führungseignung und Führungsneigung. Manche Menschen möchten den Lead übernehmen, aber sie werden von der Gruppe nicht akzeptiert. Hier sprechen wir von hoher Führungsneigung und geringer Führungseignung. Andere Menschen werden von der Gruppe als Leiter gesehen, aber sie selbst wollen lieber wenig oder keine Verantwortung übernehmen. Hier sprechen wir von hoher Führungseignung und geringer Führungsneigung. Beide Typen benötigen unterschiedliche Trainings, sind aber gut entwickelbar, wenn sie sich dem Prozess stellen und motiviert sind, an sich zu arbeiten.

Manchmal wählt die Gruppe selber und dabei trifft es dann eine Person, die gut und gewissenhaft ihre Arbeit macht, aber gar nicht führen will oder der die nötigen Skills und Tools fehlen. Ich habe das Gefühl, dass es Frauen oft so geht …

Nach meiner Erfahrung trifft es inzwischen Männer und Frauen gleichermaßen. Ich arbeite zum Beispiel mit einem Unternehmen, das den gesamten Führungsnachwuchs trainiert. Das Team besteht aus jungen Frauen und Männern, die sich fachlich bewährt haben, in ihren Teams gut ankommen und in Zukunft die Verantwortung für große Teams übernehmen sollen. Wir haben einmal im Monat »Lunch & Learns«, also Treffen, bei denen wir die Theorie besprechen, zum Beispiel Themen wie Selbstwahrnehmung, weil sie auch mein Verhalten bestimmt. Wenn etwa Loyalität einen hohen Stellenwert für mich hat, dann ärgere ich mich vielleicht, wenn Mitarbeitende um 17 Uhr gehen, ohne an das Team zu denken. Es ist also für jeden Leiter wichtig, die eigenen Werte zu kennen, um zu wissen, durch welche Brille man die Mitarbeitenden anschaut. Andere wichtige Fragen sind: Wie delegiere ich? Wie führe ich ein Kritik- oder ein Jahresend-Gespräch? Da gibt es Techniken, die man lernen kann. Und diese Tools werden gleichermaßen von Frauen wie von Männern benötigt, die wenig Führungserfahrung haben.

Leiten Frauen anders als Männer? Gibt es so etwas wie weibliche Führung, oder braucht man diese Unterscheidung gar nicht?

Ich habe gerade einen Artikel in der »Harvard Business Review« gelesen mit dem Titel »Sieben Dinge, die Männer von Frauen lernen können«. Da wurden Eigenschaften wie Bescheidenheit, Zuhören, Sich-zurück-Nehmen und Versöhnlichkeit genannt. Beim Lesen habe ich gedacht: Die bedienen ja jedes Klischee!

Auf Frauen in meinem Umfeld, die im mittleren oder im Top-Management sind, treffen diese Beschreibungen nicht zu. Im Gegenteil. Denn gefördert, erkannt und gesehen werden ja gerade die Frauen, die all diese Attribute nicht haben.

Du würdest also nicht unbedingt sagen, dass Frauen per se die besseren Leiterinnen sind?

Überhaupt nicht. Mir fällt auf, dass all diese Stereotype oft nicht greifen und sogar ein bisschen gefährlich sind.

Warum?

Ich begleite Teams, die extra Frauen rekrutiert haben, um typisch »weibliche« Attribute und Sichtweisen im Team zu haben und einen Kulturwechsel vorzunehmen. Genau die Attribute aus dem vorhin genannten Artikel: Bescheidenheit, Versöhnlichkeit etc. Es bewerben sich aber gerade die Frauen auf diese herausfordernden Stellen, die sehr selbstbewusst und dominant sind. Also nur darauf zu achten, dass man Frauen im Team hat, wenn man die Kultur »weiblicher« machen möchte, ist nicht zielführend. Ich kenne auch sehr erfolgreiche Männer im Topmanagement, die keine Alpha-Tiere sind und auch gar nicht sein wollen.

Wie können Frauen leiten, ohne ihre Persönlichkeit und Weiblichkeit aufzugeben?

Wieso müsste man seine Weiblichkeit aufgeben, wenn man führen möchte? Für mich ist Weiblichkeit nicht das Gegenteil von Führungseignung. Ich denke, dass mit Führungsansätzen wie dem Unboss-Prinzip, das auf Werte statt wie traditionell auf Macht setzt, sowie dem ganzen Thema Achtsamkeit stereotyp »weibliche« Aspekte Einzug halten. Mich stört, dass man diese Aspekte nicht einfach »menschlich« statt weiblich nennt.

Wie kann ich als Frau authentisch führen, ohne einen Mann imitieren zu müssen?

Wenn wir davon ausgehen, dass Führung meistens dann erfolgreich ist, wenn sie an die Situation, an die Fragestellung und an die Bedürfnisse der einzelnen Teammitglieder angepasst ist, dann ist es doch egal, ob ich ein Mann oder eine Frau bin. Wenn die Gruppe eigentlich nur jemanden braucht, der moderiert, dann moderiere ich. Wenn ich das nicht kann, bin ich nicht der richtige Leader für diese Gruppe – egal, ob Mann oder Frau. Wenn es eine Gruppe ist, die Struktur und Disziplin braucht und eine Führungskraft benötigt, die Fehlverhalten sanktioniert oder ein Taktgeber ist, damit alle liefern, kann jemand, der autoritärer ist, der richtige Leader sein. Je nachdem, in welcher Branche ich arbeite, welche Qualifikationen die Mitarbeitenden haben, wie alt sie sind und wie der Gender-Mix aussieht, braucht es einen ganz unterschiedlichen Leadership-Auftritt und wird ein bestimmtes Verhalten akzeptiert oder nicht. Unabhängig vom Geschlecht.

Man macht also oft den Fehler, sich als Führungsperson um sich selbst zu drehen, anstatt zu schauen, wen man führt und was die Gruppe braucht?

Genau. An sich geht es in der Leadership-Entwicklung darum, die Klaviatur zu erweitern. Also angefangen mit der Frage: Wie reagiere ich spontan, ohne nachzudenken? Wie ist mein präferierter Führungsstil? Hin zu: Was sind denn Situationen, die ich mit meinem Team erlebe? Und wie kann ich meine Toolbox so erweitern, dass ich jeden Mitarbeitenden abhole und zu Höchstleistungen ansporne?

Wie genau lerne ich das?

Es fängt damit an, dass ich mich für meine Mitarbeitenden interessiere – Empathie ist eine ganz zentrale Kompetenz. In der Schweiz gibt es das Bonmot, das Adolf Ogi, Mitglied des Bundesrates, geprägt hat: »Man muss Menschen mögen.« Es ist sehr schwer, ein guter Leader zu sein, wenn man sich eigentlich nur für das Ergebnis und nicht für die Menschen interessiert, die das Ergebnis erzielen. Hier helfen Tools wie das aktive Zuhören, das Senden von Ich-Botschaften und weitere Kommunikations-Klassiker. Indem man diese Tools kennt und gezielt einsetzt, kann man besser wahrnehmen, was das Gegenüber einem sagen möchte, und stellt so die Wertschätzung und das Vertrauen her, die die Grundlage jeder funktionierenden Beziehung sind.

Gibt es Persönlichkeitsmerkmale, die du für eine Führungsposition aussortieren würdest?

Da wir ja definiert haben, dass es vom Team und von der jeweiligen Aufgabenstellung abhängt, welches Führungsverhalten zielführend ist, gibt es nur Meta-Kompetenzen, ohne die es sehr schwer wird: Empathie, gute Kommunikationsfähigkeiten und Resilienz, also Belastbarkeit. Sie wird zunehmend wichtiger, weil alles komplexer wird und weil es Situationen wie Covid-19 gibt, in denen man als Leader natürlich massiv herausgefordert ist. Menschen, die es gerade so schaffen, morgens aufzustehen und zur Arbeit zu gehen, sollten nicht auch noch für ein großes Team zuständig sein.

Was würdest du Frauen raten, die Führungsverantwortung übernehmen wollen?

Go – go – go! Suche dir gute Vorbilder und Menschen, denen du vertraust und mit denen du schwierige Situationen reflektieren kannst. Es gibt eine Geschichte, die mir sehr geholfen hat: Ein Vater, sein Sohn und ihr Esel gehen durch ein Dorf. Die Leute am Wegrand machen sich lustig, weil sie den Esel nicht reiten. Also sagt der Vater: »Steig auf, mein Sohn.« So führt der Vater den Esel und der Sohn reitet. Sie gehen durch das nächste Dorf. Die Leute schütteln den Kopf: »Wie kann der Sohn den Vater zu

Fuß gehen lassen?« Also steigt der Sohn ab und der Vater reitet. Im nächsten Dorf beschweren sich Leute am Rand: »Was ist das für ein Vater, der seinen Sohn laufen lässt?!« Also steigen sie beide auf den Rücken des Esels und reiten ihn gemeinsam. Als sie im nächsten Dorf ankommen, schreien die Leute am Wegrand: »Tierquälerei!« Also tragen sie den Esel ins nächste Dorf.

Für mich zeigt diese Geschichte: Man kann es nie allen recht machen – jedes Dorf gab ein Feedback, das für sich gesehen richtig war. Ich muss also am Ende für mich selbst entscheiden, auf wen ich hören möchte, wer ich sein will und wie ich mich verhalte.

Der Persönlichkeitsstrukturtest PST-R

Birgit Troschel nutzt für die Auswahl von Führungskräften auch den von Dr. Michael Dieterich entwickelten Persönlichkeitsstrukturtest PST-R, bei dem Wesenszüge, Grundstruktur und Tiefenstruktur unterschieden werden.[29]

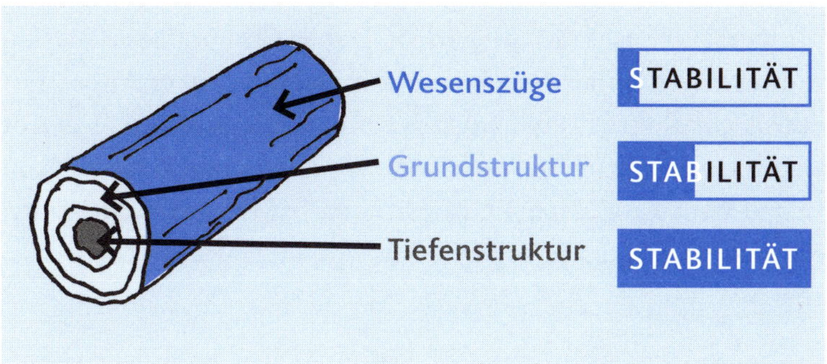

Der PST-R ist aus vier verschiedenen Tests zusammengesetzt. Man geht davon aus, dass man die Persönlichkeit hinsichtlich unterschiedlicher Lebenszeitalter abbilden kann: Die Wesenszüge sind der aktuelle, jüngste und flexibelste Aspekt der Persönlichkeit. Sie werden durch den 16-Persönlichkeits-Faktoren-Test (16 PF-R) von Kurt A. Schneewind gemessen. Er bildet die Persönlichkeit anhand von 16 trennscharfen Persönlichkeitsfaktoren ab und misst auch die »Big Five«, fünf Charaktereigenschaften, die in der Führungsdiagnostik eine große Rolle spielen.

Die Grundstruktur entsteht vor der Pubertät, im dritten bis zum maximal zehnten Lebensjahr. Sie wird gemessen durch das Eysenck'sche und Freiburger Persönlichkeitsinventar und bildet die sogenannten »Big Two« ab: Emotionalität und Extraversion.

---

29 Prof. Dr. Michael Dieterich: Erläuterungen zum Persönlichkeitsstrukturtest PST-R. Institut für Praktische Psychologie, Freudenstadt 2017, S. 3. https://i-p-p.org/index_htm_files/Broschuere%20PST-R.pdf (letzter Zugriff am 04.02.2021).

Die Tiefenstruktur ist der älteste und stabilste Teil der Persönlichkeit, der frühkindlich erworben oder angeboren ist, und sich selten verändert. Die theoretische Grundlage der Tiefenstruktur ist Fritz Riemanns Konzept, der den Menschen danach kategorisiert, wovor er Angst hat. Der Korrekte benötigt Struktur. Wird sie ihm genommen, erlebt er das als unangenehm. Beim Unkonventionellen ist es gerade umgekehrt: Jede Struktur wird als Einschränkung erlebt. Der Warmherzige erlebt sich immer als Teil einer Gruppe und vor Isolation hat er Angst. Für den Sachlichen ist eine Busreise mit 20 Personen, bei der er sich nie zurückziehen kann, sehr energieraubend. Mit diesem Instrument kann man Empfehlungen für die Persönlichkeitsentwicklung, aber auch für die Zusammenarbeit von Menschen abgeben.

5

DIE NEIDFRAGE: IST DA NOCH PLATZ FÜR MICH?

In den 1970ern haben Wissenschaftler das »Queen-Bee-Syndrom« erstmals erforscht. Das sogenannte »Bienenköniginnen-Syndrom« beschreibt das Verhalten mancher Frauen in männerdominierten Arbeitsfeldern, dem die Annahme zugrunde liegt, dass der Raum für Frauen in der Führungsetage begrenzt ist. Schafft es demnach eine Frau in eine höhere Führungsposition, hindert eine »Bienenkönigin« jüngere weibliche Führungskräfte oder Mitarbeitende am Weiterkommen.

Spätere Studien haben zwar gezeigt, dass weibliche CEOs bevorzugt Frauen einstellen, hat aber ein männlicher Vorgesetzter bereits eine Frau eingesetzt, sinkt die Chance, dass eine zweite Frau befördert wird, um 50 Prozent. Aus diesem Grund setzt anschließend der Selbsterhaltungstrieb bei Frauen häufig wieder ein und die Unterstützung für andere Frauen oder den Führungsnachwuchs bleibt aus. Jede ist sich nun selbst die Nächste, da sie annimmt, der Platz in der Führungsetage sei für Frauen begrenzt.

Eine neuere Studie von Credit Suisse[30] hat das Bienenköniginnen-Syndrom zwar wiederum eingeschränkt und herausgefunden, dass »es weit weniger Bienenköniginnen gibt, als gemeinhin angenommen wird« (»es scheint, dass weibliche Führungskräfte Frauen, die unter ihnen arbeiten, eher fördern als männliche«) – dennoch gibt es sie. Damit uns Neid, Unsicherheit oder Angst vor Statusverlust nicht selbst zur Bienenkönigin werden lassen, müssen wir erkennen: Die neue Kollegin schmälert weder die eigene Daseinsberechtigung, Berufung oder Originalität noch bedroht sie den mitunter hart erkämpften Platz. Ähnliche Gedanken hat sich auch Daniela Mailänder gemacht – und erkannt, dass der »Feind« nicht andere Frauen sind, sondern der Neid selbst.

---

30 Alice Gomstyn: Das (entthronte) Bienenköniginnen-Syndrom, Credite Suisse Group AG, 2016, www.credit-suisse.com/about-us-news/de/articles/news-and-expertise/queen-bee-syndrome-dethroned-201611.html (letzter Zugriff am 10.02.2021).

DANIELA MAILÄNDER arbeitet als Theologin, DesignThinkerin und Pädagogin. Sie coacht Kirchen-Pionierprojekte im »CVJM Bayern/ MUT"« und leitet die Fresh X Initiative »Kirche Kunterbunt« in Deutschland. Daniela erzählt, schreibt und spricht über Mut, Abenteuer und Hoffnung. Ihr aktuelles Buch „Herzheimat" ist im SCM-Verlag erschienen. Auf Social Media ist sie als @jelemailaender zwischen Chaos und Gnade unterwegs. Sie liebt ihren Mann und drei Abenteuerkinder, mag Wald, Berge und Bewegung.[31]

Neulich bekam ich einen Anruf von einem Mann. Es war eine Anfrage, ein Referat zu halten. Da ich keine Zeit hatte, fragte er mich: »Kennst du denn eine andere Frau, die du empfehlen kannst?« Da habe ich ein Ziehen irgendwo in der Herzgegend wahrgenommen: Neid. In mir kam sofort der Gedanke auf: »Was, wenn die das besser macht als ich?« Aufgelegt habe ich mit der faden Antwort: »Ich denke drüber nach und melde mich noch mal.«

Hinterher war ich über mich selbst erschrocken: Welche Angst treibt mich dazu, einer anderen Frau eine Chance zu missgönnen? Was regt sich da in mir? Beim Nachdenken ist mir ein sonderbares »Lügenbild« in den Kopf gekommen: Wenn

31 Daniela Mailänder: »Ist da genug Platz? Die Neidfrage«, AUFATMEN 2/2020, SCM Bundes-Verlag, Witten 2020. S. 64–65. Infos: www.aufatmen.de.

ein Schmetterling seine Flügel entfaltet, braucht er dafür Platz, um sich ganz ausbreiten zu können. Wenn es zwei oder viele Schmetterlinge wären, könnten sie mit den Flügeln aneinanderstoßen und sich vielleicht gegenseitig zum Absturz bringen. Die Lüge, die sich in mir breitgemacht hatte, war also die: Die Blumenwiese reicht nur für mich ganz allein!

Für mich war das eine bittere Erkenntnis: »Du bist neidisch!«, denn die Wahrheit ist: »Die Blumenwiese ist groß genug für uns alle!« Und richtig schön wird es erst, wenn viele Schmetterlinge auf der Wiese unterwegs sind.

Ein altes Wort für Neid ist »scheel sehen«. Es geht also um das verborgene Schielen auf das, was die andere hat und was man vielleicht selbst nicht hat. Der »scheele Blick« verengt die Sichtweise. Ich sehe plötzlich nicht mehr die eigenen Gaben und schiele nur noch auf die Stärken der anderen. Das birgt zwei Gefahren:

1. Ich sehe nur die Gaben und Stärken der anderen. Ich sehe nicht die Begrenztheit, die Schwächen und die Mühen der anderen. Damit verpasse ich es, die andere Frau als »Ganze« zu sehen. Wenn ich an das Bild der Schmetterlinge denke, schaue ich nur den schönen Flug der anderen an, statt zu sehen, mit wie viel Luftwiderstand, kräfteraubenden Winden und Schwierigkeiten sie zu kämpfen haben.
2. Es macht mich unfrei. Gott hat mir Gaben gegeben, die ich ausleben soll und darf. Wer neidisch ist und sich mit dem Potenzial der anderen beschäftigt, hindert sich selbst daran, das eigene gottgegebene Potenzial ganz zur Entfaltung zu bringen. Im Bild gesprochen, würde ich den anderen beim Fliegen zuschauen, statt selbst die Flügel auszubreiten.

Begegnung mit meinen Grenzen

Auslöser für Neid ist ja die innere Unzufriedenheit mit dem, was ich bin – anstelle dessen, was ich gerne wäre. Neid erinnert mich also dauernd an meine ungeliebte Begrenztheit. Das löst Schmerz und Scham aus. Autsch! Jetzt verstehe ich auch, warum wir kaum über Neid sprechen! Dabei scheinen mir Frauen besonders anfällig. Weil wir dauernd damit beschäftigt sind, uns miteinander zu vergleichen. Warum das so ist, darüber streiten sich die Wissenschaftler.

Was also tun, damit ich aufhöre, in der anderen Frau eine Konkurrentin zu sehen? Abtrainieren klappt nicht! Habe ich oft genug versucht. Und jetzt beschlossen, dem Schmerz hinterherzugehen und die Wunde Jesus hinzuhalten.

1. Ich werde ehrlich vor mir selbst. Und vor Gott. Ein Gebet von Romano Guardini hilft mir dabei:
   »Ich will die Wahrheit.
   Ich bin bereit;
   auch zu dieser, die mir zu schaffen macht,
   wenn sie wirklich Wahrheit ist.
   Gib mir Licht, dass ich erkenne,
   wie es mit ihr – und mit mir selbst zu ihr steht.«
2. Ich bekenne den Neid und das Denken dahinter. Gerade in der letzten Beichte habe ich die Namen der Frauen, auf die ich neidisch bin, aufgeschrieben und benannt. Das war für mich herausfordernd. Aber ich ahne, dass das der Start einer Heilung sein kann.
3. Ich spreche laut aus, dass ich die Freiheit, die Gott mir schenkt, in Anspruch nehmen möchte. Er will, dass ich fliege, mich entfalte, lebe. Das werde und möchte ich tun. Ohne Schielen auf die Kunstflüge der anderen.
4. Ich entscheide mich dafür, Platz zu machen! Ich will das Schöne und Gute in der anderen sehen und segnen. Ich will sie als Ganze sehen, auch in ihren Herausforderungen und Lasten. Die Frage »Würdest du mit allem, was ihr Leben mit sich bringt, tauschen wollen?« hilft mir dabei, vieles zu relativieren.

5. Ich entscheide mich dafür, Allianzen und Netzwerke mit anderen Frauen zu bilden. Unseren gegenseitigen Konkurrenzkampf können wir nämlich nur miteinander bekämpfen. Indem wir uns stärken, feiern, loben und uns gegenseitig zu Chancen verhelfen. Der alleinige Flug über die Blumenwiese macht erschreckend einsam.

Wie heißt unser Feind?

Liebe Ladys: Nicht die andere Frau ist die Konkurrentin. Nein, der gemeinsame Feind ist der Neid! Den können wir nicht alleine bekämpfen. Das geht nur miteinander und vor den Augen Gottes. Lasst uns zusammenhalten! Frauensolidarität statt Zickenkrieg!

PS: Ich glaube daran: Da ist ein Gott, der Freiheit und jeder von uns genügend Platz zur ganzen Entfaltung schenkt. Also habe ich zum Telefonhörer gegriffen und gleich drei geniale Frauen weiterempfohlen. Ich übe mich darin, der Wahrheit zu glauben und Frauen Platz zu machen und sie zu feiern.

Ich stimme Daniela Mailänder zu: Es ist keine leichte Übung, Sisterhood authentisch und ehrlich zu leben, wenn wir uns im Nachteil fühlen oder unsere Identität auf wackeligen Beinen steht. Wie schön wäre es, wenn wir aus einer inneren Selbstsicherheit heraus andere Frauen neben uns zulassen könnten, damit sie uns in unserem Tun und Sein ergänzen – selbst wenn sie uns irgendwann überholen und sogar besser werden als wir. Lasst uns eine Sisterhood-Atmosphäre schaffen, in der wir uns übereinander freuen, uns gegenseitig in unseren Projekten anfeuern und unterstützen. Damit Neid und Missgunst keine Chance haben, uns um eine so göttliche und wertvolle Gemeinschaft zu bringen.

6

DEN EIGENEN STIL FINDEN

Wir wissen mittlerweile, dass auch Frauen die nötigen Fähigkeiten und Kompetenzen mitbringen, um zu leiten. Wie aber setzen wir sie ein? Im Berufsalltag erleben wir oft verschiedene Führungsstile unserer männlichen und weiblichen Vorgesetzten. Doch nicht immer scheint dieser Stil unserer eigenen Persönlichkeit zu entsprechen. Wer keine weiblichen Vorbilder hat, wird das Naheliegende tun: kopieren, was sie sieht. So zwängen sich Frauen beispielsweise in Hosenanzüge, um geradliniger, unnahbarer und professioneller zu wirken. Oder diskutieren in Sitzungen bis aufs Messer, um gehört und wahrgenommen zu werden.

Die Frage, ob es weibliche Führung gibt, habe ich meinen Interviewpartnerinnen in den vergangenen Kapiteln immer wieder gestellt. Bisher kamen sie unisono zu dem Schluss, dass es so etwas wie »weibliche Führung« nicht gibt. Dass es nicht so sehr darauf ankommt, ob ein Mann oder eine Frau leitet, sondern wie jemand mit Mitarbeitenden umgeht und ob sie (und er) situativ auf sie eingehen kann. Führungsqualitäten werden von beiden Geschlechtern gefordert. Sicherlich wird es Eigenschaften geben, die aufgrund von Geschlechterklischees eher Frauen (kommunikative und beziehungsorientierte Fähigkeiten) bzw.

Männern (Verhandlungsstärke, Durchsetzungsvermögen) zugeordnet werden. Aber am Ende muss jede ihren eigenen Stil finden. In meinen Augen gehört hierzu nicht nur ein bestimmter Führungsstil, auf den ich im zweiten Teil dieses Kapitels eingehe, sondern auch das Thema Mode.

6.1 MODE UND AUFTRETEN

»Du schreibst doch ein Buch für Frauen in Führungspositionen. Muss man denn heutzutage noch über Stil und Mode sprechen?«, fragte mich Sabine Woysch, die mich an einem sonnigen Herbstwochenende in Berlin in Sachen Farbe und Stil beriet. Und vielleicht fragst du dich gerade dasselbe. Durchaus berechtigt! Frauen sind es doch schon lange leid, nur aufs Äußere reduziert zu werden, und wollen mit der Qualität ihrer Arbeit glänzen, nicht mit der Qualität der hübschen Seidenbluse. Das stimmt. Doch solange es kein ausgewogenes Verhältnis von Männern und Frauen in Führungspositionen gibt, haben die Tiefe des Ausschnitts und die Länge des Rocks noch eine Bedeutung. Und so lange werden Frauen nach ihrer Nagellack- und Lippenstiftfarbe oder der Höhe ihrer Absätze beurteilt. Also sollten wir darüber sprechen. Und das wird uns Frauen nicht zum Nachteil – im Gegenteil!

Was hat Mode mit Führung zu tun?

»Kleider machen Leute« ist eine Binsenweisheit und auch schon die Schnittmenge zwischen Mode und Führung. Denn unsere äußere Erscheinung hat einen erheblichen Einfluss darauf, wie professionell wir wahrgenommen und ob uns Kompetenzen zu- oder abgesprochen werden. Wer im gemütlichen Look durchs Büro schlurft, strahlt nicht unbedingt Engagement, Ehrgeiz und Energie aus. Die unscheinbare Kollegin vom Typ »graue Maus« könnte Nachteile gegenüber der modisch Versierten haben. Kleidung hilft dabei, das Selbstbewusstsein zu stärken und die eigene Stimmung zu beeinflussen: Wer fühlt sich nicht aktiver und »kampfbereiter« in einer gut sitzenden Garderobe oder in Farben, die die eigene Persönlichkeit unterstreichen? Gerade an Tagen, an denen wir nicht in Höchstform sind und uns daher klamottentechnisch eher verstecken möchten und dunklere Farben wählen, sollte man das Gegenteil tun, empfiehlt mir Farb- und Stilberaterin Sabine Woysch. Die Wahl der richtigen Farben, Kontraste oder Schnitte kann durchaus einen Einfluss auf die eigene Stimmung haben – und interessanterweise auch auf die der anderen.

Ein Satz, der genauso wahr ist: »Für den ersten Eindruck gibt es keine zweite Chance.« Schon so manches Mal hat mich die Erkenntnis meiner Freundin Anja gerettet, die in einer Fernsehredaktion arbeitet: Sie achtet morgens bei der Kleiderwahl immer darauf, dass sie mit ihrem Look jederzeit auch einen unangekündigten (oder vergessenen) Termin wahrnehmen könnte. Besonders wenn das modetechnisch eher legere Studium noch nicht lange zurückliegt, kann dieser Tipp vor peinlichen Situationen bewahren. »Dein Klamottenstil sollte deiner eigenen Reputation nicht schaden«, antwortete mir Sabine auf die Frage, worauf man bei der Kleiderwahl im beruflichen Kontext achten sollte. Es helfe, sich zu überlegen: »Wie will ich behandelt werden? Wie möchte ich gesehen werden? Was möchte ich ausstrahlen? Was für ein Ziel habe ich?« Weibliche Reize nicht berechnend dem eigenen Vorgesetzten gegenüber einzusetzen, ist für sie nicht nur eine Form von Respekt zwischen Mann und Frau, sondern auch Wertschätzung der eigenen Person gegenüber.

Muss man sich verkleiden?

Kann man im Arbeitskontext dann noch seine eigene Persönlichkeit durch Kleidung ausdrücken? Das komme ganz auf die Branche an, sagt Sabine. »Arbeite ich mit Menschen, dann muss ich nahbar wirken. Wenn ich mich um die Leitung in einem Altenheim bewerbe, ist ein aufgestylter Auftritt vielleicht eher hinderlich. Arbeite ich in einer kreativen Branche, wird eine gewisse Extravaganz und Unkonventionalität erwartet oder zumindest toleriert.« Auch auf den jeweiligen Persönlichkeitsstil

CHECKLISTE FÜR DEN BUSINESS-LOOK

Passform

- Wie sehe ich aus, wenn ich mich hinsetze? Kann ich mich zwanglos bewegen?
- Kann ich in den Schuhen den ganzen Tag laufen, mit beiden Beinen auf der Erde stehen und dadurch die Kompetenz haben, mich mit den geforderten Themen zu beschäftigen?

Qualität der Kleidung

- Basics in hoher Qualität anschaffen (auch nachhaltiger und langfristig kostengünstiger).
- Bei Accessoires, die in täglichem Gebrauch sind (z. B. Lederwaren wie Koffer oder Taschen) auf Wertigkeit achten.
- Shirts oder Blusen sowie andere Accessoires wie Modeschmuck oder Tücher können öfter ausgetauscht werden.
- Schuhe spätestens ersetzen, wenn die Sohlen abgelaufen oder die Absätze schief sind.

Planung der Garderobe

- Bewusst Zeit in die Planung zu investieren und gezielt nach fehlenden Stücken zu suchen, spart Geld und Energie.
- Eine griffbereite, gut gepflegte Garderobe spart Zeit im Alltag.

SMART CASUAL ODER CASUAL CHIC

Eine Alternative für den klassischen Business-Look

- Ein edleres oder wertigeres Kleidungsstück mit einem sportlichen kombinieren (z. B. eine Hose im Jeansschnitt, aber aus fließenderem Stoff, dazu ein sportlicherer Schuh, eine Bluse und ggf. einen lockeren Blazer
- Statt Hosenanzug: einfarbige Hose und gemustertes Sakko.

komme es an. Doch egal, ob man eher der verspielte und sehr weibliche Typ ist, ob man knabenhaft wirkt oder eher den Hang zur Dramatik hat: Jeder Typ muss auf seine Weise lernen, im Arbeitsalltag einen Kleidungsstil zu finden, der die gewünschte Außenwirkung und inhaltliche Expertise unterstreicht, ohne verkleidet zu wirken.

Wie weiblich dürfen Führungskräfte sein?

Auf der Buchmesse in Frankfurt bin ich Julia Knapp begegnet. Wir lernten uns am Rande der Preisverleihung des »Young Excellence Awards« vom Börsenverein des Deutschen Buchhandels kennen, für den ich nominiert worden war. Sie war damals Chefredakteurin beim »Schweizer Buchhandel« – der Fachpublikation, deren Redaktion mich auch als »Young Talent« in der Schweiz nominiert hatte. Ich war beeindruckt: Vor mir stand eine toughe, weiblich gekleidete Frau mit rotem Lippenstift zum Niederknien. Wir kamen ins Gespräch. Einen Tag später sah ich sie eine Veranstaltung moderieren, bei der die gesamte Schweizer Verlagslandschaft anwesend war. Als mir klar wurde, dass sie dies in schicken silbernen Glitzerpumps tat und dabei nichts an ihrer Professionalität einbüßte, war ich begeistert. Deswegen lag es für mich auf der Hand, mit ihr über Mode und Führungsverantwortung zu sprechen – und darüber, wie weiblich sich eine Führungskraft kleiden darf.

JULIA KNAPP (37) arbeitet seit Beginn ihrer Karriere im kulturellen Bereich, aktuell als Event-Managerin bei einer großen schweizerischen Buchhandlung. Nebenberuflich ist sie als Moderatorin, Kuratorin und Sprecherin von szenischen Lesungen tätig.

»Kleide dich für den Job, den du willst, nicht für den Job, den du hast« – ist dieser Spruch im Hinblick auf berufliches Weiterkommen nach wie vor relevant?

Natürlich ist er noch relevant – allerdings für Frauen wie auch für Männer. Mit Kleidung kann man viel ausdrücken: von Seriosität über Stilbewusstsein bis Kreativität – und ja, natürlich auch eine gewisse gesellschaftliche Position. Mit Kleidung kann man etwas unterstreichen, das man im Gespräch ausdrückt, und sie wird von unserem Gegenüber viel schneller wahrgenommen und bewertet als jede Aussage.

Wie hat sich dein Kleidungsstil verändert, seitdem du in Führungspositionen tätig bist?

Mein Kleidungsstil hat sich in meinem ersten Job bereits radikal verändert. Ich besaß im Studium eine einzige Hose, die ich aber nie trug. Röcke und Kleider mochte ich lieber. Ich musste erkennen, dass ältere Männer mich oftmals überhaupt nicht ernst genommen haben als junge und nicht unattraktive Frau, die dann auch noch weiblich gekleidet war. Das gipfelte in einer maßlosen Anmache eines Mannes, der mir sehr unangenehm auf die Pelle rückte. Er wusste sehr genau, welchem Grad von Schlüpfrigkeit eine Frau widersprechen kann – und dann auch gehört wird – und wann sie als hysterische Ziege gilt, die Komplimente nicht akzeptieren kann. Mein großes Glück war, dass ich mich jemandem anvertrauen konnte, von dem ich wusste, dass er mir Glauben schenken würde. In diesem Moment ging mir auf, dass ich mich mit der Kleidung, die ich trug, angreifbar machte, auch wenn sie weder jungmädchenhaft noch besonders erotisch war. Ich kaufte mir fünf Hosen und änderte meinen Kleidungsstil radikal. Heute trage ich bei der Arbeit wieder sehr gerne Kleider und Röcke, aber heute bin ich auch zehn Jahre älter. Es war ein Prozess.

Seitdem du dich beruflich sicherer fühlst, trägst du also wieder Kleidung, die dir mehr entspricht, und keine Kleidung, die dich schützen soll?

Ja genau. Wobei – im Frühjahr musste ich ein äußerst unangenehmes Gespräch mit einem männlichen Vorgesetzten führen. Ich habe ein Kleid im 50er-Jahre-Stil mit Leoparden-Applikationen dafür ausgewählt. Mein Mantra in diesem Gespräch war: »Ich bin eine Wildkatze, kommt mir bloß nicht zu nahe!« Am Ende hat der Vorgesetzte geschäumt, nicht ich. Man sollte nicht unterschätzen, was Kleidung mental mit einem selbst machen kann. In einem Pullover wäre ich nicht so stark geblieben.

Der dunkle Hosenanzug ist zum klassischen Kampfanzug der oberen Führungsetage geworden. Ist es im Beruf wichtig, dass man sich an die gängigen Business-Basics hält? Ab wann darf man sich eine Ausnahme erlauben?

Das variiert vermutlich von Branche zu Branche stark – sowohl was die Business-Basics sind, als auch wie streng man sich an sie halten sollte. Fakt ist für mich, dass eine Führungsperson gut angezogen sein sollte – wie auch immer man »gut« definieren mag. Sich gar keine Gedanken darüber zu machen, ist jedenfalls keine Option. Das größte Don't ist in meinen Augen, Kleidung zu tragen, die nicht passt – das kann Männern wie Frauen passieren. Eine Brust, die aus der Bluse quillt, ist ebenso unprofessionell wie eine Herrenhose, die im Schritt zu eng sitzt. Brusthaare, hervorblitzende Unterwäsche, weiße Bäuche zwischen Hemdknöpfen – alles Sachen, die man nicht sehen will und die der Seriosität einen Fußtritt verpassen.

Wie weiblich darf eine Führungskraft aussehen?

Ich arbeite in der Buchbranche, hier sind die Regeln für Business-Kleidung nicht besonders streng. Kreativität und Farbe werden sogar gern gesehen. Viele meiner weiblichen Vorgesetzten pflegen erfreulicherweise einen femininen Kleidungsstil, ohne dass sie deshalb weniger respektiert werden. Allerdings ist der Großteil der Angestellten auch weiblich – ob das eine Rolle spielt, weiß ich nicht.

Ich denke aber, dass man sich immer angreifbar macht, wenn man sich hübsch macht oder feminin kleidet. Denn das tut man, um schön zu sein. Schön sein will man zwar als Frau, aber nicht als Vorgesetzte. Ablehnung oder gar Spott trifft einen dann nicht nur als Mensch, sondern sofort auch in der Rolle der Vorgesetzten. Darüber muss man sich bewusst sein.

Kurz nachdem Monika Grütters zur Kulturstaatsministerin ernannt wurde, hielt sie eine Rede und ihr Auftritt hat mir wahnsinnig imponiert: Sie trug ein Kleid und dazu eine auffällige, bunte Kette. Sie war durch und durch weiblich gekleidet. Damals fand ich das mutig, heute frage ich mich, ob wir wohl einmal an den Punkt kommen, an dem uns solche Details nicht mehr auffallen, weil sie normal sind?

Unter einen Post der Autorin und Unternehmerin Tijen Onaran, der sie mit knalligem Lippenstift zeigte, schrieb ein Mann, dass sich ein roter Lippenstift im Business-Kontext nicht gehöre – außer man gehöre einem bestimmten Gewerbe an[32]. Was meinst du dazu?

So ein kleiner Hanswurst, was ist sein Problem? Aber das ist ein wirklich gutes Beispiel für Sexismus in Reinform: Man bringt die Frau – notabene, wegen eines Lippenstifts! – in Verbindung mit dem horizontalen Gewerbe und spricht ihr damit natürlich auch sämtliche berufliche Kompetenz ab, ohne dass man das überhaupt noch formulieren müsste, es versteht sich von selbst. Solche Geschichten bin ich leid, denn seien wir ehrlich: Frauen können es doch nur falsch machen in den Augen der Öffentlichkeit. Schminken sie sich gar nicht, gelten sie als verlottert und ungepflegt, schminken sie sich zu viel, gelten sie als nuttig. Die Stufen dazwischen sind auch nicht alle richtig, es ist immer eine Gratwanderung. Was zu viel oder zu wenig ist, definiert entweder eine breite Öffentlichkeit oder eben jener kleine Hanswurst, der seine Meinung dann im Internet herausblökt. Werden eigentlich Männer für Gel- oder Bartfrisuren öffentlich angegriffen? Für komische Krawatten? Nein, denn man könnte ihnen damit nicht die Kompetenz absprechen. Bei Frauen funktioniert das immer noch – das muss aufhören.

---

32 Shalin Rogall: Unternehmerin Tijen Onaran – »Für mich ist mein roter Lippenstift Empanzipation«, Deutschlandfunk Nova, 26.08.2020, www.deutschlandfunknova.de/beitrag/unternehmerin-tijen-onaran-plaediert-fuer-vielfaeltige-kleidungstile-in-der-wirtschaft-stark (letzter Zugriff am 05.02.2021).

6.2 FÜHRUNGSSTILE

Es gibt viele verschiedene Führungsstile und alle liefern Ergebnisse. Der patriarchale Stil genauso wie der partizipierende. Wie zufrieden die Mitarbeitenden damit sind, steht auf einem anderen Blatt. In modernen Führungsansätzen ist immer weniger »El Patron«, das dominante Alphatier, gefragt, sondern ein situatives Vorgehen. Also eine Führung, die auf den jeweiligen Mitarbeiter der Situation entsprechend eingeht.

Einer Studie der Uni Kiel zufolge gibt es drei konstruktive Führungsstile, die vor allem dann eingesetzt werden, wenn die Führungsperson zufrieden ist und ein hohes Maß an persönlichem Wohlbefinden spürt: der beziehungsorientierte, der veränderungsorientierte und der aufgabenorientierte Führungsstil.

»Die beziehungsorientierte Herangehensweise zeichnet sich durch das Schaffen einer positiven Arbeitsbeziehung – durch ein Geben und Nehmen zwischen Führungskraft und Mitarbeitenden – aus. Dabei stehen die Bedürfnisse der Mitarbeitenden im Fokus; sie fühlen sich unterstützt. Veränderungsorientiert (zum Beispiel durch transformationale Führung) geht vor, wer seine Mitarbeitenden aus eigenem Antrieb heraus (also intrinsisch) motiviert, über sich selbst hinauszuwachsen und Veränderungen offen gegenüber zu stehen. Beim aufgabenorientierten Vorgehen (etwa durch transaktionale oder direktive Führung) macht die Führungskraft klare Vorgaben und überwacht die Zielerreichung.«[33]

Diesen konstruktiven Ansätzen steht der destruktive Führungsstil gegenüber, mit dem durch Mobbing, psychischem Missbrauch oder autokratischem bzw. despotischem Verhalten

---

33 Farah Claußen: Wie steht es um das Wohlbefinden von Führungskräften? Universität Kiel, 2019, https://www.uni-kiel.de/de/detailansicht/news/208-fuehrung-und-wohlbefinden/# (letzter Zugriff am 05.02.2021).

versucht wird, Ziele zu erreichen. Oft wird er nicht aktiv eingesetzt, sondern entsteht aus unbewussten Handlungsweisen. Wie sich leicht denken lässt, bewirkt er nicht nur Stress bei der Führungsperson, sondern vor allem Frust, Motivationslosigkeit oder gar Depressionen bei den Mitarbeitenden.

Auch passive Führung sei destruktiv, befand die Studie aus Kiel: »Passives Verhalten äußert sich zum Beispiel in einer Laissez-faire-Führung. Das Problem hier: Die Führungskraft führt ihre Mitarbeitenden nicht, setzt keine Grenzen, nimmt ihnen keine Entscheidungen ab oder ist einfach nicht für sie da.«[34] Grund für ein solches Führungsverhalten ist vermutlich nicht selten Unsicherheit, die viele Leiterinnen kennen, denen ein Führungsvorbild fehlt. Grund genug, dieser Unsicherheit weiter entgegenzutreten!

---

34 Ebd.

7

MIT WERTEN FÜHREN

Kurz nach dem Wahlsieg von Joe Biden zum neuen Präsidenten der USA tauchte im November 2020 in den sozialen Medien ein altes Memo an seine direkten Mitarbeitenden auf. Geschrieben hatte er es bereits 2014 in seiner Funktion als Vize-Präsident unter Barack Obama: »Ich erwarte oder möchte nicht, dass Sie wichtige familiäre Pflichten vernachlässigen oder verpassen, während Sie für mich arbeiten. Familiäre Pflichten beinhalten (sind aber nicht begrenzt auf) Geburtstage, Jahrestage, Hochzeiten, religiöse Zeremonien wie Erstkommunion oder Bar-Mizwa, Abschlussfeiern und, in Zeiten der Not, Krankheit oder ein Verlust in der Familie. Das ist mir sehr wichtig.« Der Wert »Familie« scheint dem amtierenden US-Präsidenten also ein großes Anliegen zu sein – zumindest im Umgang mit seinen Mitarbeitenden.

Ohne in die Tiefen der US-amerikanischen Politik einsteigen zu wollen, erlaube ich mir einen kurzen Abstecher: Als Abtreibungsgegner stand Donald Trump zwar nach außen für das ungeborene Leben ein, doch das außerhalb einer Gebärmutter existierende Leben wurde durch einen Großteil seiner Entscheidungen nicht geschützt – weder das von Menschen noch das der Umwelt. Rechtfertigt die Einhaltung eines per se eher christlichen Wertes auf der einen Seite – nämlich der Schutz des Lebens – auf der anderen Seite Menschenverachtung, Verleumdung und Respektlosigkeit? Wer führt, muss die Taten an den eigenen Werten messen lassen. Wer diese längerfristig nicht mehr miteinander in Einklang zu bringen versteht, wird als Führungsperson unglaubwürdig.

Als Leiterinnen sind wir Vorbilder und stehen unter Beobachtung – nicht nur von unserem Team, das täglich einen Abgleich unseres theoretischen Wertesystems und praktischen Verhaltens vornehmen kann –, sondern auch von der Öffentlichkeit. Als Christen werden wir meinem Empfinden nach mitunter härter an unseren Werten gemessen – besonders dann, wenn wir uns zu einer christlichen Werteorientierung bekennen und dabei auch mal versagen. Wer schon mal die Frage gehört hat: »Darfst du das als Christin denn?«, weiß, wovon ich spreche.

Fakt ist: Es wird Momente geben, in denen hängt die Messlatte zu hoch für uns. Momente, in denen wir versagen und unsere Werte nicht einhalten können. Weil wir Menschen sind, machen wir Fehler. Dennoch sind unsere Grundwerte entscheidend, denn die Übersetzung dieser Grundwerte in Handlungen ist wegweisend für unsere Art der Führung.

Unsere zugrunde liegenden Werte und Annahmen über das Leben und die uns anvertrauten Menschen bestimmen unseren Führungsstil. Sie helfen »dass wir nicht ›über Leichen gehen‹, um unsere Ziele zu erreichen, sondern unsere Grundhaltungen konsequent leben und damit Integrität vorleben. (...) Gelebte Werte [werden] zu Gewohnheiten, welche die Kultur einer ganzen Gemeinschaft prägen können«[35], schreibt Artur Siegert in »Die Kunst des Einflussnehmens«. Kennen wir unsere Führungswerte, dann fällt es uns nicht nur leichter, schnelle Ent-

35 Artur Siegert: Die Kunst des Einflussnehmens – Wie du wirksam lebst und dein Umfeld prägst. SCM R.Brockhaus, Holzgerlingen 2019, S. 32.

scheidungen zu treffen, sondern auch, sie zu kommunizieren. Darüber hinaus wird so unser Team in der Lage sein, eigenständig und stellvertretend gute Entscheidungen zu treffen, die in unserem Sinne sind. »Es gibt Aufgaben, die wir besser bewältigen würden, wenn geklärt wäre, welche Werte uns dabei leiten sollen. Wenn wir nach ihnen handelten und sie schützen würden. Denn sie geben unserem Tun Richtung und Ziel«, erklärt Thomas Härry[36]. Wer beispielsweise weiß, dass Nachhaltigkeit ein wichtiger Wert der Geschäftsführung ist, wird ressourcenschonend arbeiten und Kooperationspartner, Dienstleister oder Waren entsprechend auswählen.

---

36 Thomas Härry: Von der Kunst, sich selbst zu führen. SCM R.Brockhaus, Holzgerlingen 2015, S. 104.

7.1 DEINE EIGENEN WERTE ENTDECKEN

Doch über welche Werte sprechen wir überhaupt, wenn es um »wertorientierte« Leitung geht? Um im Wertedschungel durchzublicken, müssen wir uns zunächst einen Weg durch den Urwald bahnen. Dafür schlage ich dir eine kleine Übung vor. Ich habe dazu eine große Auswahl an Werten zusammengetragen. Wähle zunächst zehn Werte aus, die dir wichtig sind. Wenn dir ein Wert einfällt, der hier nicht genannt wird, dann ergänze ihn gern unten auf den freien Linien.

Das sind meine 10 Werte:

....

....

....

....

....

....

....

....

....

....

Abenteuer
Achtsamkeit
Akzeptanz
Aufregung
Authentizität
Balance
Barmherzigkeit
Beliebtheit
Bescheidenheit
Dankbarkeit
Disziplin
Effizienz
Ehrlichkeit
Einfachheit
Engagement
Erfolg
Fairness
Fantasie
Fleiß
Flexibilität
Fortschritt
Freiheit
Fröhlichkeit
Gastfreundschaft
Geduld
Gelassenheit
Gemeinschaft
Gemütlichkeit
Gerechtigkeit
Gesundheit
Gewaltlosigkeit
Glaube
Glaubwürdigkeit
Gleichheit
Großzügigkeit
Harmonie
Herausforderung
Herzlichkeit
Hilfsbereitschaft
Hoffnung
Humor
Intuition
Integrität
Kontrolle
Kooperation
Kreativität
Leichtigkeit
Leidenschaft
Liebe
Loyalität
Mitgefühl
Nachhaltigkeit
Nächstenliebe
Nähe
Natürlichkeit
Neugierde
Objektivität
Offenheit
Optimismus
Ordnung
Perfektion
Qualität
Realismus
Respekt
Ruhm
Sanftmut
Schönheit
Selbstständigkeit
Sensibilität
Sicherheit
Spaß
Spiritualität
Stabilität
Toleranz
Tradition
Transparenz
Treue
Überlegtheit
Unabhängigkeit
Verantwortung
Vergebung
Verlässlichkeit
Vertrauen
Weisheit
Wertschätzung
Wissen
Wohlstand
Zeit für mich
Zugehörigkeit
Zuneigung

Brené Brown schreibt dazu: »Es gibt nur einen Wertekanon. Wir verändern unsere Werte nicht je nach Kontext.«[37] Will heißen: Wir leben im Arbeitsumfeld nach den gleichen Werten wie im Privaten. Gleichzeitig kann der Fokus je nach aktueller Rolle aber auf unterschiedlichen Werten liegen: Eine Buchhalterin lebt vielleicht in der Ausführung ihrer Arbeit den Wert »Disziplin«, nimmt es aber im Privaten mit der Pünktlichkeit nicht so genau. Eine Vorgesetzte lebt im Beruf den Wert »Effizienz«, während ihr im Alltag mit den Kindern wichtig ist, Zeit zum Hinschauen und Trödeln zu haben, also den Wert »Achtsamkeit« zu leben. Hier prallen scheinbar Gegensätze aufeinander.

Es lohnt sich, genauer hinzuschauen: Vielleicht sind zwei scheinbar gegensätzlich erscheinende Werte in Wirklichkeit nur Ausprägungen desselben zugrundeliegenden Grundwertes. Vielleicht ist »Leidenschaft« ein Grundwert, der im beruflichen Kontext zu Effizienz führt, und im Privaten zu Achtsamkeit den Kindern gegenüber. Vielleicht lassen sich Disziplin am Arbeitsplatz und Laissez-faire im Feierabend auf den Grundwert »Zeit für mich« zurückführen.

Versuche jetzt, aus den zehn markierten Werten diejenigen zu definieren, die dir am wichtigsten sind. Das sind deine Grundwerte. Achte vor allem darauf, die Werte auszuwählen, die in deinem Innersten Resonanz finden, die der Kern deines Seins sind – nicht die, die dir antrainiert wurden oder die du von anderen übernommen hast, weil es »gute Werte« sind.

---

37 Brené Brown: Dare to Lead – Brave Work. Tough Conversations. Whole Hearts, Vermilion/Penguin, London 2018, S. 187.

Meine Top-3-Werte:

1. ....

2. ....

3. ....

Keine leichte Übung, oder?

Nun hast du ein bisschen Ordnung in den Werte-Dschungel gebracht und die drei Werte identifiziert, auf die du den Fokus setzen möchtest. Wunderbar!

7.2 DIE WERTE DER WERTEORIENTIERUNG

Das schweizerische Institut INSIST hat im Zuge einer »Werteorientierten Dorf-, Regional- und Stadtentwicklung« (WDRS) eine mögliche christliche Wertorientierung entworfen. Sie basiert auf christlichen Werten, die aus dem Handeln Gottes in der Schöpfungsgeschichte abgeleitet werden können und seinem Wesen entsprechen: Leben und Freiheit, Liebe und Gerechtigkeit, Wahrheit und Gleichheit. Basis bildet die Gemeinschaft, auf die alle anderen Werte zielen.[38] Das ist nicht nur für Stadtentwicklung interessant, sondern auch für unseren Kontext der Führungsverantwortung anwendbar. Spannend finde ich, dass neben den Werten auch die jeweiligen Gegenwerte aufgelistet werden.

Die WDRS-Wertefelder

Sowie wir uns für einen Wert einsetzen, bedeutet das auch, dass wir uns gegen einen anderen stemmen müssen: Wer für Unbestechlichkeit ist, ist automatisch gegen Korruption. Wer für Verantwortung ist, kämpft gegen Gleichgültigkeit. Wer sich für ökologische Gerechtigkeit und Nachhaltigkeit einsetzt, verhindert mit seinem Handeln die Ausbeutung der Natur. Unsere Grundwerte zu definieren und nach ihnen leben zu wollen, kostet uns etwas. Das verlangt uns etwas ab – mehr, als ab und an ein wertschätzendes Wort und ein paar Minuten Zeit. Es wird nicht folgenlos bleiben, wenn wir zu unseren Werten stehen. Wir werden das eine oder andere Opfer erbringen müssen. Nur weil etwas richtig ist, muss es nicht einfach sein, es zu tun.

---

38 Hanspeter Schmutz: »Die Werte der Grundorientierung«, Magazin Insist, INSIST, Zürich 2011. S. 24–27.

Grundwert	Dazugehörige Werte	Gegenwerte/ -tendenzen
Gemeinschaft	Versöhnung Mitbeteiligung Solidarität / Hilfsbereitschaft Frieden Selbstbeschränkung Vernetzung Einheit	Unversöhnlichkeit Macht Egoismus Streit Ausnützung Vereinzelung Zersplitterung
Wahrheit	Offenheit Transparenz Treue/Zuverlässigkeit Glauben/Vertrauen Ehrlichkeit Glaubwürdigkeit Unbestechlichkeit	Unnahbarkeit Undurchsichtigkeit Unzuverlässigkeit Misstrauen Betrug Heuchelei Korruption
Liebe	Wertschätzung Respekt Sorgfalt Rücksicht / Toleranz Freundlichkeit Ermutigung Geduld	Verachtung Respektlosigkeit Unsorgfalt Rücksichtslosigkeit Unfreundlichkeit Entmutigung Ungeduld
Gerechtigkeit	gerechte Verteilung ausgleichende Gerechtigkeit wiederherstellende Gerechtigkeit Rechtlichkeit Gleichberechtigung ökologische Gerechtigkeit	Bevorzugung Benachteiligung Schadlosigkeit Rechtlosigkeit Ungleichbehandlung Ausbeutung
Gleichheit	Chancengleichheit Gleichwertigkeit gleiche Verpflichtung	Chancenlosigkeit Wertlosigkeit Rückzug
Freiheit	Privatsphäre Ungebundenheit Verantwortung Entscheidungsmöglichkeit Entscheidungskompetenz	Öffentlichkeit Festlegung Gleichgültigkeit Zwang Unkenntnis
Lebensqualität	Gesundheit Entfaltungsmöglichkeit Kreativität Nachhaltigkeit Verschiedenheit Sicherheit/Schutz	Krankheit Einschränkung Gleichschaltung Kurzfristigkeit Einheitlichkeit Unsicherheit

Thomas Middelhoff war ehemaliger deutscher Top-Manager und wurde wegen Untreue und Steuerhinterziehung zu einer Haftstrafe verurteilt. Irgendwann waren seine Werte nichts mehr wert; nichts, woran er sich orientiert hatte, half ihm weiter. Indem er bei einigen Ungerechtigkeiten tatenlos zusah, hat er sie toleriert und unterstützt. Heute, nach verbüßter Haftstrafe und innerer Einsicht und Umkehr, fordert er die junge Führungsgeneration zum Handeln auf: »Der Gerechtigkeitsbegriff, wie wir ihn heute verstehen, kann nicht passiv bleiben. Wenn man einen Zustand von Ungerechtigkeit festgestellt hat (...), müssen alle Bemühungen aufgebracht werden, um ihn zu beseitigen. Wer diese Pflicht verletzt, macht sich selbst ebenfalls der Ungerechtigkeit schuldig. Diese Verantwortung tragen wir alle. Sie gilt auf gesellschaftlicher Ebene wie auch im Bereich des Wirtschaftslebens. Ein Manager, der Ungerechtigkeit in seinem Unternehmen duldet, ohne sie zu beseitigen, verletzt seine Pflicht und missachtet auch seine gesellschaftliche Verantwortung.«[39]

Es braucht eine Generation von Leiterinnen, die das Arbeiten verändern – Leiterinnen, die den Menschen im Blick haben und wertschätzend und respektvoll mit ihren Mitarbeitern und Partnern umgehen. Leiterinnen, die Transparenz zulassen und integer sind. Leiterinnen, die nachhaltig wirtschaften. Die Ungerechtigkeiten nicht unterstützen oder unter den Tisch kehren, sondern sie aufdecken. Das wird Vorgesetzten oder Kollegen mitunter nicht gefallen und könnte sie ihren Job kosten. Doch als Leiterinnen, die mit ihrer Führung einen positiven Unterschied machen wollen, sollten es uns unsere Werte wert sein.

---

39 Thomas Middelhoff: Schuldig – Vom Scheitern und Wiederaufstehen, Adeo, Asslar 2019, S. 113.

Werte mit Leben füllen

Die Schwierigkeit ist nun, die eigenen Werte nicht nur zu benennen, sondern auch nach ihnen zu leben – und hieran scheitern viele. Laut Brené Browns Studien und Erfahrungen haben nur zehn Prozent der Organisationen ihre Unternehmenswerte in lehrbare und beobachtbare Verhaltensweisen umgesetzt. Das aber wäre nötig, damit Mitarbeitende geschult und, wenn nötig, zur Verantwortung gezogen werden können. Brené Brown warnt: »Wenn Sie sich nicht die Zeit nehmen, Ihre Werte in Verhaltensweisen zu übertragen, sondern sie nur Ideale bleiben – wenn Sie Ihren Mitarbeitenden nicht das nötige Wissen und Können beibringen, damit ihr Auftreten mit diesen Werten übereinstimmt und Sie keine Kultur schaffen, in der man einander Rechenschaft über das Einhalten dieser Werte ablegt – dann ist es besser, überhaupt keine Werte zu vertreten. Dann sind sie bloß ein Witz.«[40]

Genauso müssen auch unsere persönlichen Werte in Verhaltensweisen übertragen werden. Brené Brown hat für ihren Kontext der »Mutigen Leiterschaft« eine (englischsprachige) Liste zum Download erstellt, auf der Werte mit dazu passenden konkreten Handlungsweisen zu finden sind.[41]

Den Wert »Zusammenarbeit mit anderen« setzt sie beispielsweise unter anderem wie folgt um:

- Ich erkenne und beglückwünsche andere zu ihrer guten Arbeit.
- Ich nehme Rücksicht auf die Zeit anderer Leute.
- Ich führe direkte, ehrliche Gespräche mit Menschen, anstatt mit anderen über sie zu reden oder im Namen der Höflichkeit so zu tun, als würde ich zustimmen.

---

40 Brené Brown: Dare to Lead – Brave Work. Tough Conversations. Whole Hearts. Vermilion/Penguin, London 2018, S. 190.

41 https://daretolead.brenebrown.com/operationalizing-your-orgs-values/ (letzter Zugriff am 05.02.2021).

Jetzt bist du wieder dran!
So möchte ich meine drei Top-Werte umsetzen:

Wert 1: ....

Umsetzung:

....

....

Wert 2: ....

Umsetzung:

....

....

Wert 3: ....

Umsetzung:

....

....

7.3 TRANSPARENZ IST TRUMPF!

Wie konkret es aussehen kann, wenn persönliche Werte nicht mit der Unternehmenspolitik übereinstimmen und welche inneren Konflikte das auslösen kann, hat Kristine Braden erlebt. Sie arbeitet als Europa-Chefin der Citibank. Vielen fällt es im Bankenwesen durchaus schwer zu glauben, dass dort nach ethischen Maximen gewirtschaftet wird oder Werte eine große Rolle spielen. Kristine Braden allerdings meint: »Langfristig sind Integrität und Transparenz an der Wall Street die wichtigsten Erfolgsfaktoren.« Ein überraschendes Statement, das sie im nachfolgenden Text erklärt, der zuerst im Magazin »Go – take the lead«, erschienen ist,[42] das sich an Menschen in Verantwortung richtet.

42 Kristine Braden: »Transparenz ist Trumpf!«, Go – take the lead, IVCG, Suhr 2017, https://www.gomagazin.ch/transparenz-ist-trumpf/ (letzter Zugriff am 05.02.2021).

KRISTINE BRADEN (45) ist seit 2020 Europa-Chefin der Citibank – mit Sitz in Frankfurt am Main. Die zweifache Mutter hat bereits 22 Jahre in hochrangigen Positionen in Europa, Lateinamerika und Asien für das Unternehmen gearbeitet, darunter als Chefin der Citibank Schweiz, Liechtenstein und Monaco und Leiterin des Corporate und Investment Banking.

An eine Begebenheit erinnere ich mich so, als ob es gestern gewesen wäre: 1997 erhielt ich ein Stellenangebot von einer Bank. Am darauffolgenden Sonntag besuchte ich die Kirche. Prompt fragte mich ein Kirchenmitglied: »Wie kannst du als Christin bloß Bankerin werden? Banker sind schrecklich. In diesem Geschäft gibt es keine Moral!« Das war lange vor der Finanzkrise, die 2008 ausbrach. Doch schon damals hielten viele Christen in den USA die Finanzindustrie für wenig vertrauenswürdig. Ich stellte eine Gegenfrage: »Wäre es nicht wünschenswert, wenn alle Banker Christen wären, damit sich die Moral der Branche verbessert?« Meine Antwort überraschte mich selbst, aber sie gab und gibt mir das Selbstvertrauen, meinen Weg als Bankerin zu gehen – und die Hoffnung, dass Gott mir helfen könnte, die Finanzwelt ein bisschen zum Guten zu verändern. In meinen zwanzig Jahren als Bankerin konnte ich drei Bereiche identifizieren, in denen Integrität für mich große Relevanz hat.

Führen: Sei authentisch!

In der Welt des Handels gilt Integrität seit jeher als Erfolgsfaktor. Aber warum eigentlich? Die Generation der »Millennials« und ihre jungen Kollegen beobachten ihre Vorgesetzten ganz genau. Sie wollen sichergehen, dass sie ihnen vertrauen können. Die beiden führenden europäischen Leadership- und Organisationsexperten Robert Goffee und Gareth Jones fragten in einem Bestseller: »Warum sollte dir irgendjemand folgen?« Eine Antwort darauf ist, dass Mitarbeitende uns folgen, wenn sie uns vertrauen. Als Führungskraft beginne ich darum stets damit, Vertrauen in meinen Charakter zu vermitteln. Das geschieht dadurch, dass ich in guten und in schlechten Zeiten nach denselben Prinzipien handle. Die Leute in meinem Umfeld können dies wahrnehmen. Über die Jahre hinweg habe ich zudem verstanden, dass ich nicht für alle Fälle eine Antwort bereithaben muss. Aber ich muss immer vertrauensvoll, verlässlich und konsistent agieren. Das bedeutet gleichsam, dass ich ein hohes Maß an Transparenz aufweise. Häufig spreche ich vor Publikum. Nach vielen Reden kommen Leute auf mich zu und erzählen mir, dass meine Anekdoten sehr offen, ehrlich und persönlich gewirkt hätten. Wenn wir so sprechen und handeln, dass dies unseren echten Charakter reflektiert, können wir eine Inspiration für andere sein. Schließlich habe ich gelernt, dass ich in meinem Arbeitsleben und in meinem Privatleben dieselbe Person bin und sein muss. Das gibt mir Ausgeglichenheit, Freiheit und Frieden. Authentizität ist ein Schlüssel zur Integrität für Führungskräfte.

Einstellen: Achte auf den Charakter!

So wie ich meinen Angestellten meinen Charakter offen zeige, achte ich auch bei Bewerbern auf deren Charakter – vor allem auf ihre Integrität, Ehrlichkeit und Beständigkeit. Der Chef der

Fluggesellschaft Cebu Pacific, Lance Gokongwei, sagte mir einmal, dass er Leute anstelle, wenn sie eine gute Einstellung hätten. Dann bringe er ihnen die nötigen Fähigkeiten gerne bei. Mir gefällt dieses Konzept. Auf Englisch pflege ich stets zu sagen: »Hire for character, train for skills« – heißt: Stelle jemanden wegen seiner Persönlichkeit ein, bringe ihm Wissen und Können bei. Das gilt auch für die Finanzwelt: Ich stelle Leute wegen ihres Charakters an, dann bilde ich sie in den nötigen Fähigkeiten aus. In einem Vorstellungsgespräch frage ich danach, was eine Person motiviert, wie sie sich in schwierigen Situationen verhält, welchen ethischen und moralischen Problemen sie schon begegnet – und wie sie mit Gegenwind umgegangen ist. Kann ein Kandidat diese Fragen nicht beantworten, setze ich ein großes Fragezeichen. Ein Kollege meinte, dass Selbsterkenntnis – die Gabe, sich selbst wahrzunehmen – eine unentbehrliche Kernkompetenz sei. Er hat recht! Wenn ein Kandidat sich selbst kennt und seine Werte zeigen und ausleben kann, wird er zu einer guten Arbeitskultur beitragen. Ist dies nicht der Fall, besteht das Risiko, dass wir früher oder später wieder in eine Krise schlittern – so wie 2008.

Entscheiden: Tausche dich aus!

Transparenz ist auch wichtig im Hinblick auf Entscheidungen. Allzu oft betreiben Führungskräfte eine Art Geheimniskrämerei und schließen andere von ihrem Entscheidungsprozess aus – leider insbesondere, wenn es um schwierige Entschlüsse geht. Das Problem: Alle schauen genau hin, ob ein Vorgesetzter den Mut hat, zu seinen Überzeugungen zu stehen, wenn es um ethische Fragen geht. Dabei müssen wir eine Entscheidung nicht nur gegenüber unserem Gewissen rechtfertigen können, sondern gegenüber der ganzen betroffenen Gemeinschaft. Vor einigen Jahren, als ich in Südostasien lebte, war ich mit einer schwierigen Entscheidung konfrontiert. Sollte ich ein rasant wachsendes Spielcasino-Unternehmen bei der Eigenkapitalbeschaffung unterstützen? Monatelang brütete ich darüber, bis mein Chef mir klarmachte, dass er von mir erwartete, dem Unternehmen eine Offerte für diesen Deal zu unterbreiten. So suchte ich zunächst Wege, um mich selbst zu beruhigen, denn ich fürchtete, die Auseinandersetzung mit meinem Chef könnte mich meine Stelle kosten. Doch eines Tages sprach mich ein Kollege auf die Casino-Transaktion an: »Warum beschäftigst du dich noch mit dieser Firma? Sie schadet der Nachbarschaft und anderen Leuten in diesem Geschäft.« Das stimmte! Und der Deal würde die Werte dieser Firma zementieren, mit denen ich nicht einverstanden war. So fasste ich mir ein Herz und teilte meinem Chef mit, dass ich mich nicht wohl dabei fühlen würde, mit diesem Casinobetrieb zu arbeiten. Zu meiner Überraschung sagte er: »Kein Problem.« An diesem Tag habe ich eine wichtige Lektion gelernt: Der Entscheidungsprozess läuft oft unnötigerweise in einem Vakuum ab. Wir sollten andere daran teilhaben lassen und sie miteinbeziehen. Das Team sowie Kollegen verfolgen ohnehin, ob wir die Integrität und die Beharrlichkeit haben, ein Projekt abzulehnen, das sich nicht mit unseren Überzeugungen vereinbaren lässt.

Das Erfolgsprinzip

Wie können wir dazu beitragen, dass unser Arbeitsplatz von Integrität geprägt wird? In jedem Moment, in dem wir eine Entscheidung so treffen, dass wir sie vor Gott verantworten können, bringen wir Transparenz und Gerechtigkeit an den Arbeitsplatz. Wenn wir Führungskräfte integer sind, schaffen wir ein gesundes und fröhliches Arbeitsumfeld!

8

WERTSCHÄTZUNG UND RESPEKT

Transparenz, Integrität und Gerechtigkeit – das sind Werte, die wir in der Corporate Business World nicht vermuten würden, die aber den großen Unterschied machen. Genau wie zwei weitere Werte, die wir von TV-Moderator und Buchautor[43] Tim Niedernolte im Fernsehen vorgelebt bekommen: Wertschätzung und Respekt. Mit ihm habe ich über Wertschätzungskultur im Unternehmenskontext gesprochen, ihn gefragt, warum auch kritisches Feedback Wertschätzung ausdrückt und wie gelebter Respekt für ihn aussieht.

---

43 Tim Niedernolte: Wunderwaffe Wertschätzung – Vom großen Glück einer einfachen Lebenshaltung, adeo, Asslar 2018. Und: Respekt! – Die Kraft, die alles verändert – auch mich selbst, bene!/Droemer Knaur, München 2020.

TIM NIEDERNOLTE (42) hat in München Kommunikationswissenschaften und Literatur studiert. Heute ist er Buchautor und Moderator der ZDF-Sendungen »hallo Deutschland« und »drehscheibe«. Davor stand er unter anderem viele Jahre für SKY und die Kindernachrichten »logo!« vor der Kamera. Gemeinsam mit seiner Frau und ihren beiden Töchtern lebt er in Berlin.

Der Job-Stress-Index 2020 hat bemängelt, dass die allgemeine Wertschätzung, unter anderem durch Vorgesetzte, fehlt. Was macht fehlende Wertschätzung mit uns?

Es fehlt etwas ganz Elementares: dass man gesehen wird – vor allem als Mensch, der man in erster Linie ist. Man ist ja nicht nur eine Arbeitskraft oder ein Kollege oder jemand, der eine Aufgabe übernimmt. Ohne Wertschätzung entsteht der Eindruck, es wird nicht gesehen, was ich leiste und tue, wo ich Zeit und Energie investiere, Kreativität, manchmal auch Anstrengung. Wertschätzung drückt sich beispielsweise in Dankbarkeit aus. Natürlich wird man bezahlt für seine Arbeit, aber wenn die ab und zu honoriert wird mit einem kurzen »Mensch, vielen Dank dafür!«, dann macht das einen Unterschied. Auch Komplimente können viel bewirken: »Das hast du richtig gut gemacht!« Fehlendes Feedback wird oft als Zeichen mangelnder Wertschätzung empfunden – auch, wenn Dinge nicht gut laufen. Studien zufolge vermissen viele Menschen im Job, dass sich mit ihrer geleisteten Arbeit auseinandergesetzt wird – selbst, wenn sie nicht gut war. Der andere kann sich nur verbessern, wenn man das auf eine wertschätzende Art und Weise anspricht.

Sie sprechen in Ihrem Buch von Wertschätzung als Erfolgsfaktor. Was macht sie erfolgreich?

Es gibt eine These, die ich hundertprozentig unterstütze: »Wertschätzung generiert immer auch Wertschöpfung.« Das liegt daran, dass Energie und Kreativität freigesetzt werden und dass die Mitarbeitenden viel mehr leisten, wenn sie das Gefühl haben: Das, was ich mache, wird wahrgenommen, wird wertgeschätzt oder zumindest bemerkt. Es gibt ja diese viel zitierte »innere Kündigung« – das habe ich in meinem Umfeld über die letzten Jahrzehnte immer wieder erlebt. Viele leisten dann einfach ihren Nine-to-five-Job ab, weil sie sich sagen: »Ob ich das jetzt mache oder nicht – es wird zwar gebraucht, aber interessiert niemanden richtig.« Immer dann, wenn Wertschätzung, Respekt und eine Honorierung über das Gehalt hinaus ins Spiel kommen, haben Mitarbeitende die Lust und Motivation, mehr zu machen, neu zu denken, vielleicht auch mal länger zu bleiben oder eine Zusatzaufgabe zu erledigen.

Einer der größten Erfolgsfaktoren diesbezüglich ist ja die Eigenverantwortung: das schafft ganz viel Kreativität und Motivation, wie Studien zeigen. Dadurch kann man die anfangs erwähnte These begründen, dass Wertschätzung Werte schafft – oder eben auch nicht.

Wertschätzen wir besonders oft Menschen, die wir mögen?

Gegenfrage: Warum schätzen wir die Menschen, die wir mögen und lieben, oft zu wenig? Ich erlebe das auch bei mir persönlich. Vielleicht, weil man schon so lange miteinander unterwegs ist und man als selbstverständlich hinnimmt, dass es funktioniert. Deswegen ist mein Appell: Gerade die Menschen, die man mag, sollte man auch wieder mehr wertschätzen. Andererseits, da haben Sie natürlich recht, fällt uns Wertschätzung wahrscheinlich leichter, wenn man sich vertraut ist. Bei den Menschen, die man vielleicht weniger mag, kommt es einem nicht so häufig in den Sinn, das Miteinander wertschätzender zu gestalten.

Sie haben vorhin angedeutet: Wer wertgeschätzt wird, leistet auch mehr. Wertschätzen wir im Umkehrschluss also vor allem auch diejenigen besonders, die mehr leisten als andere?
Das wäre für mich falsch verstandene Wertschätzung. Wertschätzung sollte per se immer den Menschen sehen, den man akzeptiert, respektiert und mit dem man positiv umgeht, weil er gut so ist, wie er ist – losgelöst von Leistung. So wie bei einer Eltern-Kind-Beziehung beispielsweise oder wie es auch im Glauben immer wieder thematisiert wird. Die meisten Menschen merken auch sehr schnell, wenn Wertschätzung oder ein Kompliment nur aus Kalkül benutzt wird, weil man sich etwas davon erhofft.

Wertschätzung kann also nicht berechnend eingesetzt werden …
Sollte es auch gar nicht, denn es verhindert, dass man den Menschen sieht und ehrlich ist. Wertschätzung heißt ja auch, dass man nicht immer alles schönreden muss. Wenn etwas im Argen liegt, nicht gut lief oder jemand nicht leistet, was von ihm erwartet wird, dann gehört es für mich zur Wertschätzung, ihm das auch mitzuteilen. Aus meiner SKY-Laufbahn kenne ich manche Sportler, die gesagt haben: »Wenn der Trainer mir damals nicht den berühmten Tritt in den Hintern gegeben hätte, dann wäre ich heute nicht da, wo ich bin. Er hat mich wachgerüttelt – und ich bin plötzlich aufgewacht, hab angefangen, an mir zu arbeiten, mich zu verbessern.« Das zeigt, was mit wertschätzendem Feedback möglich ist. Und das hat etwas damit zu tun, dass man den Menschen sieht und einem etwas daran liegt, dass er sich weiterentwickelt.

In Ihrem Buch erwähnen Sie eine Studie der Yale-Universität aus dem Jahr 2000, mit der belegt wurde, dass nette Menschen erfolgreicher sind als aggressive. Gleichzeitig hat man aber oft den Eindruck, dass netten, sympathischen Frauen Kompetenzen abgesprochen werden, oder?

Ob das Problem immer die Nettigkeit ist oder etwas anderes? Ich glaube, die Sache ist komplexer. Wichtig ist, sich nicht ständig zu fragen: »Wo könnte ich sein, wenn ich härter werde, keine Nettigkeiten zeige oder noch dominanter auftrete?« – in der Hoffnung, dann eher akzeptiert zu werden oder weiterzukommen. Als Jugendlicher, der Moderator werden wollte, habe ich natürlich auch geschaut, wie es die erfolgreichen Moderatoren machen. Ich habe dann sehr schnell gemerkt: Das funktioniert so nicht. Ich bin weder Kai Pflaume noch Thomas Gottschalk oder Günther Jauch – ich bin Tim Niedernolte. Und entweder ich schaffe das als Tim oder eben nicht. Aber ich werde es garantiert nicht schaffen, wenn ich jemanden kopiere. Ich glaube, so ist es auch bei Führungskräften. Gemocht werden zu wollen, scheint oft ein Punkt bei Frauen zu sein – betrifft aber natürlich auch Männer. Stattdessen sollte man seine Ideale kennen und zu seinen Positionen stehen – und die Sache dann auf sich zukommen lassen, anstatt strategisch zu überlegen, was zu tun ist, um die nächste Position zu erreichen.

Vielleicht hat es auch mit Selbstvertrauen zu tun. Zu sagen: »Mensch, ich kann das. Ich habe das gelernt, ich habe das schon nachgewiesen und ich mach das jetzt einfach mal« – das überzeugt und muss gar nicht immer 100 Prozent stimmen. Natürlich hat man noch Selbstzweifel. Aber wenn man lebt und verkörpert, dass man an sich glaubt, kommt man definitiv eher zum Ziel. Natürlich muss man sich sein Handwerkszeug draufschaffen, das Business beherrschen, in dem man unterwegs ist, egal, ob Mann oder Frau. Das ist Grundvoraussetzung.

In Ihrem Buch »Respekt!« schreiben Sie, einer der Kernwerte von Führungskräften sei – neben Vertrauen, Verantwortung und Integrität – Respekt. Das unterscheidet sich stark von der öffentlichen Wahrnehmung. Woher kommt diese Differenz?
Das ist die berühmte Diskrepanz zwischen Theorie und Praxis. Wenn Sie fragen: »Was sind Ihre Kernwerte? Welcher dieser Werte ist Ihnen wichtig?«, kreuzt jeder ganz gerne Respekt, Integrität und Wertschätzung an statt »Ellenbogen raus und Egoismus«. Darüber zu reden, ist das eine – es dann leben und umsetzen das andere. Es gibt ja diesen Spruch: »Machen ist wie wollen, nur krasser!« Es geht ums Umsetzen.

Man hat als Führungskraft, das ist nicht zu unterschätzen, krass viel zu tun und tausend Entscheidungen zu treffen. Da fallen diese Werte hinten runter, hier kürzt man am ehesten. Dabei vergisst man oft, dass es mit einem Schritt zurück und mehr Ruhe, Wertschätzung und Respekt gegenüber den Mitarbeitenden wahrscheinlich viel besser und schneller gelänge.

Junge Führungskräfte müssen sich einerseits Respekt erst noch erarbeiten, andererseits ist die Gefahr mit steigendem Gehalt und Erfolg groß, sich respektloser gegenüber niedriger Gestellten zu verhalten. Wie können sie eine gute Balance finden?
Hier ist zunächst die Frage wichtig, wodurch ich mich definiere. Will ich vor allem mehr verdienen? Oder habe ich in erster Linie Spaß am Job, am Führen, am Gestalten, daran, andere Menschen auf die Spur zu bringen? Dann ist die Gefahr viel, viel kleiner, dass ein höheres Gehalt dazu führt, plötzlich abzudrehen oder sich respektlos und arrogant zu verhalten. Das gelingt, wenn man sich und seine Werte immer wieder hinterfragt und gegebenenfalls neu positioniert.

Aus eigenem Erleben finde ich es sehr wichtig, nahe dran an den Mitarbeitenden zu sein, sich umzuhören, nachzufragen, wie es ihnen geht, was sie bewegt. Sich zeigen, präsent sein und immer mal wieder durch die Büros, den Betrieb gehen. Mal mit verschiedenen Kolleginnen und Kollegen Mittag essen oder einen Kaffee trinken. Mal dabei sein, wenn in den mitarbeitenden Teams etwas entschieden oder beraten wird. Das muss nicht täglich oder wöchentlich sein, aber es ist ein kleiner Move, der denen, die rangtechnisch unter einem stehen, ein offenes Ohr, Interesse und Unterstützung signalisiert. Man muss sich daran erinnern, diese Zeiten regelmäßig einzuräumen. Für mich ist das auch eine Form, sich Respekt zu erarbeiten – vor allem auch im eigenen Team.

Wenn man sich Respekt und Wertschätzung erst noch verdienen muss, ist Leistung ein nicht zu unterschätzender Punkt. Nicht die unmenschliche Leistung, die über alle Grenzen hinausgeht, und die klischeehaften Überstunden. Ich glaube fest daran, dass die Basis für Wahrnehmung und Anerkennung – wenn auch nicht sofort Beförderung – solide, gute, professionelle Arbeit ist. Dann haben auch die erfahreneren Mitarbeitenden, die erst mal kritisch beäugen, was die junge Frau da macht, schon mal keine Argumente mehr. Dann ist man zumindest aufgrund der Leistung nicht angreifbar und hat sich schon per se Respekt verdient und erarbeitet – ob dieser nun kommuniziert wird oder nicht.

Wie sieht gelebter Respekt für Sie aus?

Gelebter Respekt impliziert immer, dass man bei sich selbst anfängt und Respekt vorlebt. Sich selbst respektieren, bedeutet für mich, für das dankbar zu sein, was man hat und was man kann – auch mit den eigenen Begrenzungen Frieden zu schließen. Dieser Frieden strahlt aus. Respekt ist auch, dass man die Bereitschaft mitbringt oder immer wieder neu lernt, unterschiedliche Meinungen stehen zu lassen sowie Spannungen auszuhalten und diese nicht auf die Person zu projizieren. Es geht nicht darum, einer Meinung zu sein. Respekt ist, die Größe zu haben, verschiedene Bedürfnisse – gerade in Unternehmen – stehenzulassen, wahrzunehmen und nicht zu vergessen, dass jeder die Berechtigung hat, so zu denken und zu fühlen, auch, wenn das gerade nicht die eigene Meinung ist.

Auch das ist Respekt: diejenigen nicht vergessen die am unteren Ende der Unternehmensleiter stehen. Die vermeintlich kleineren oder unbedeutenden Jobs, die gibt es für mich nicht. Jeder Job ist wichtig, das ist Teamwork. Gerade beim Fernsehen, wo viele technische Prozesse ineinandergreifen: Wenn der Assistent von der Ton-Regie die Stecker nicht richtig zieht und den Knopf drückt, dann versteht kein Mensch, was ich sage. Da kann ich noch so tolle Moderationen machen – wenn dieses eine Rädchen im Zahnrad nicht da ist, dann funktioniert das ganze System nicht.

Dankbarkeit für die Dinge, die man hat, ist in meinen Augen auch eine Form von Respekt. Dass man diesen Job machen darf, dass man mit einem Team unterwegs ist, dass man es bis hierhin schon geschafft hat. Das soll keine Form einer falsch verstandenen Selbstzufriedenheit sein, die wiederum verhindert, dass man sich weiterentwickelt oder ehrgeizig bleibt. Es ist wahrscheinlich eher ein urchristliches Motiv: mit Gott in Kontakt treten, ins Reine kommen, danke sagen – und erst dann die Aufgaben anpacken, die dran sind. Anstatt immer nur getrieben zu sein von dem, was man gerne haben oder erreichen möchte. Aus dieser inneren Ruhe kann viel mehr entstehen, als wenn man gehetzt auf die nächste Karriereleiter zusteuert.

– –

Gelebte Wertschätzung

Wertschätzung zeigt sich vor allem in den kleinen Gesten, die den Arbeitsalltag erhellen, produktiver machen und gleichzeitig Potenzial aktivieren, das sonst unentdeckt geblieben wäre. Sie zeigt: Ich sehe dich. Deine Arbeit ist wichtig, sie bewirkt etwas. Und vor allem: Du bist wichtig, auch unabhängig von deiner Leistung.

Der Herbst ist für mich immer etwas ganz Besonderes. Nicht nur, weil die klare Herbstluft die heißen Sommertage ablöst und die bunten Blätter noch mal ein letztes Aufbäumen der Natur signalisieren, bevor uns der Winter mit Dunkelheit umhüllt. Sondern auch, weil in Basel die alljährliche »Herbstmesse« stattfindet, wenn die Tage langsam kürzer werden und die arbeitsintensive Phase des Weihnachtsgeschäfts kurz bevorsteht. Jedes Jahr laden meine Chefs die Belegschaft im Verlag ein, auf ihre Kosten eine Runde auf dem Riesenrad zu drehen. Jedes Jahr genießen wir in kleinen Grüppchen die Aussicht über die Basler Altstadt, das Münster, den Rhein. Jedes Jahr, hoch oben über den Dächern der Stadt, überkommt mich ein Gefühl von Dankbarkeit. Den Blick über diese Stadt schweifen zu lassen, lässt mich den Blick heben – weg vom Alltags-Kleinklein, hin zu den großen Bögen, den Träumen und Visionen, die nur zum Vorschein kommen, wenn man sich Zeit nimmt, um aus dem Bild herauszuzoomen. Es mögen nur ein paar Minuten sein – denn den Rest der Zeit sind wir als Kollegen und Kolleginnen damit beschäftigt, Selfies zu machen. Auch das schafft Erinnerungen und Gemeinschaftsgefühl. Diese Riesenradrunde als kleine Geste der Wertschätzung macht einen Unterschied.

Eine Aufmerksamkeit zu Weihnachten oder zum Dienstjubiläum, echtes Interesse am Gegenüber, ein Lob vor versammelter Mannschaft, das Einbeziehen von Mitarbeitenden in Veränderungsprozesse und das rechtzeitige Weitergeben von Informationen, ehrliche und begründete Korrektur sowie bewertungsfreies Zuhören – all das kann Unternehmenskulturen und Teams verändern. Werte wie Wertschätzung und Respekt aktiv und bewusst zu leben, ist nicht immer leicht, schafft aber langfristig einen Raum, in dem Mitarbeitende sich öffnen, ihre Fähigkeiten entwickeln und über sich hinauswachsen können. Als Praktikantin habe ich einige Chefs in den verschiedensten Unternehmen beobachten dürfen. In Erinnerung geblieben ist mir nur einer. Er ging regelmäßig die Kollegen in der Versandabteilung besuchen, nahm sich Zeit für sie, plauderte mit jedem Einzelnen, machte auch mal einen Witz und interessierte sich für das, was in dieser Abteilung vor sich ging. Das Resultat? Die Mitarbeitenden fühlten sich in ihrem Sein und ihrer Arbeit wertgeschätzt. Mit seinem Vorbild hat er mir schon damals gezeigt, wie gelebte Wertschätzung im Unternehmen aussieht.

9

STOLPERND LEITEN

Das Scheitern gehört zum Leben und Arbeiten dazu. Das Gefühl vom Versagen wird begleitet von der Scham, die sich nur schwer abschütteln lässt – und wird uns sicher an der einen oder anderen Stelle in unserem Führungs- und Arbeitsleben begegnen. Wie tief die Schmach über eine Kündigung sitzt, habe ich erlebt, als ich in meinem ersten Job nach der Probezeit entlassen wurde. Bis heute kann ich dieses Gespräch nicht mehr vollständig rekonstruieren – mein einziger Gedanke galt meinen Eltern, die gerade erst meine Wohnung gestrichen hatten. Nun musste ich ihnen nicht nur erklären, dass sie mir bald beim nächsten Umzug würden helfen müssen, sondern auch, dass ich jämmerlich versagt hatte. Doch ich durfte Wiederherstellung erleben. Ich durfte mein Versagen, meine Schuld und meine Verletzungen am Kreuz bei Jesus ablegen und neu beginnen. Ähnliches hat auch Evi Rodemann erlebt. Sie ist eine beeindruckende Frau, die sich traut, über das Scheitern zu sprechen, und warum sie nicht an ihrer Leitungsfähigkeit gezweifelt und aufgegeben hat, sondern weiterhin leitet. Ihre Erfahrungen und theologischen Erkenntnisse hat sie für dieses Buchprojekt zusammengefasst.

EVI RODEMANN (49) hat Theologie und Kulturelle Anthropologie in den Niederlanden studiert und einige Jahre im Ausland verbracht – unter anderem in der Elfenbeinküste, Indien, England, den USA und Hongkong. Sie arbeitet in Teilzeit als Chefassistentin und Event-Managerin in einem deutschen Aluminiumwerk, um einerseits missional zu leben und andererseits um genug Zeit für die ehrenamtliche Arbeit zu haben. Besonders am Herzen liegen ihr die junge Generation und die Förderung von jungen Leitenden.

Nach ungefähr zehn Jahren im hauptberuflichen Dienst mit missionarischen Einsätzen im Ausland kehrte ich nach Hamburg zurück. Neben meiner Arbeit in der Wirtschaft wurde ich angefragt, eine europaweite Jugendarbeit mitzugründen und aufzubauen. Es war ein Traum, der wahr wurde und ich wusste mich von Gott dazu berufen. Ich stürzte mich voller Freude und Eifer in diese neue Aufgabe und investierte Zeit, Energie und Talent in ein Projekt, in dessen Rahmen ich vier Jugendmissionskongresse organisierte und leitete. Gerade hatte ich den vierten Kongress erfolgreich abgeschlossen, da endete meine Zeit jäh: Mir wurde gekündigt. Völlig unerwartet. Zwar gab es im Vorfeld Spannungen mit der Geschäftsleitung – doch ich hatte sie als normale Differenzen zwischen den Generationen gedeutet. Die Kündigung zog mir den Boden unter den Füßen weg. Vollkommen! Von einem auf den anderen Tag war zwar noch alles da, wofür ich mich die letzten Jahre so leidenschaftlich eingesetzt hatte, aber ich war kein Teil mehr davon. Ich fühlte mich wie die größte Versagerin auf Erden. Ich zweifelte an mir, meiner Berufung und an meiner Leitungskompetenz. Viele Fragen stiegen in mir hoch. Ich bin unendlich dankbar für die Unterstützung von guten Freunden und Mentoren, bei denen ich mehrfach heulen konnte und die mich durch die Trauerphasen, die ich durchlebte, hindurchgetragen und ertragen haben. Sie ermutigten mich immer wieder, nicht aufzugeben, und boten mir neue Möglichkeiten.

Doch was tut man, wenn man sich am liebsten in einer Ecke verkriechen würde, weil die Scham über das Scheitern so groß ist? Wenn man keine Zukunft mehr für sich sieht? Wenn man das Liebste verloren hat? Zunächst einmal musste ich erneut erkennen, dass Leitung und Schmerzen zusammengehören wie zwei Seiten einer Medaille: Das eine gibt es nicht ohne das andere. Es ist eine Kunst zu lernen, bewusst zu diesem Schmerz in Leitung Ja zu sagen und ihn auszuhalten. Ich musste ebenso erkennen, dass mir meine Berufung nicht weggenommen wurde, nur weil mir meine Position genommen worden war.

Etliche Herausforderungen begegnen Leitern immer wieder. Die sechs häufigsten sind laut Dan Allender, dem Autor von »Leading with a limp«: Krisen, Komplexität, Erschöpfung, Verleumdung und Verrat, Einsamkeit und Ruhm.

Krisen

Manchmal stehen wir uns selbst im Weg, manchmal sind es andere. Es gibt etliche Herausforderungen, die entweder von außen an uns herangetragen werden wie finanzielle Sorgen, der Verlust eines wichtigen Menschen, Unzufriedenheit über die eigene Lebenssituation oder eine Kündigung oder gänzlich von innen heraus kommen wie geistliche Krisen, große Fragezeichen an theologische Themen, Ängste.

Komplexität
Führungspersonen müssen mit konkurrierenden Werten, Herausforderungen und Perspektiven umgehen. Ein Problem scheint wichtiger zu sein als das andere. Die rasanten Entwicklungen in Digitalisierung, Kommunikationsverhalten und der Weltgeschichte machen das Umfeld von Leitern komplexer, und zwar auf allen Ebenen. Diese Komplexität muss nicht nur erfasst, sondern auch heruntergebrochen sowie entschieden werden – und auch dem Einzelnen gegenüber verantwortet werden können. Dabei ist klar, dass nicht alle Entscheidungen jedem gefallen werden.

Erschöpfung
Führungspersonen scheinen ein schnelleres Verfallsdatum zu haben als andere, wenn sie nicht gut auf sich achtgeben. Sie tragen große Verantwortung, nehmen sie mit in ihr Privatleben, ihren Alltag, in den Schlaf. Arbeit kann süchtig machen. Unser Bestreben, unser Bestes für Gott zu geben, kann bedeuten, dass wir mehr *für* Gott als *mit* Gott arbeiten. Leicht schleicht sich das Gefühl ein, die Rettung der Welt läge auf unseren Schultern, ein Messias-Komplex. Das kann zu Erschöpfung führen bis hin zu einem Burn-out. Verletzungen, die wir beim Leiten erleben, der Kampf um die Hoffnung in schierer Hoffnungslosigkeit, das Gefühl des Versagens, Zweifel – all das kann uns so sehr erschöpfen, dass wir keine guten Entscheidungen mehr treffen können.

Verleumdung/Verrat
Es wird immer wieder Menschen in unserem Umfeld geben, die eine Zeit lang ganz eng mit uns unterwegs sind und sich dann gegen uns stellen. Vielleicht sogar auch öffentlich. Das kann zu Selbstzweifeln führen und zu wachsendem Misstrauen anderen Mitarbeitenden oder Leitern gegenüber. Verleumdung ist die Verdrehung von Tatsachen, um Macht zu gewinnen. Das ist übrigens einer der Hauptgründe, warum Leiter aufgeben.

Einsamkeit

Nur wenige Menschen haben lebenslange Freunde. Leiterschaft erschwert manche Beziehungen zusätzlich, denn nur wenige Freundschaften halten das Machtgefälle aus. Oft mischen sich Eifersucht und Neid darunter. Hinzu kommt, dass Leiten eine Berufung und Aufgabe ist. Wir sind vielleicht öfter unterwegs, oft in scheinbar tollen Örtlichkeiten, genießen das besondere Konferenzessen ... und doch verpassen wir Zeit mit der Familie, können weniger in Freundschaften investieren und werden manchen Erwartungen derjenigen, denen wir dienen, nicht gerecht.

Ruhm

Wer bekommt am Ende die Ehre für den Erfolg? Beim Willow-Creek-Kongress 2018 erzählte Pastor Tobias Teichen vom ICF München, dass er, bevor er auf die Bühne zum Predigen geht, mit Gott spricht: »Gott, ich habe mein Bestes vorbereitet. Du musst jetzt den Rest erledigen. Ich bin abhängig von dir.« Wenn er von der Bühne wieder runtergeht, sagt er: »Gott, ich habe mein Bestes gegeben. Und das ist genug bei dir. Ich überlasse dir die Predigt und was daraus folgt.« Damit macht er sich weniger anfechtbar. Ob anschließend Hunderte oder niemand auf seine Predigt reagiert, ändert nichts an seiner Identität. Unser größter Ruhm als Christen ist es, wenn Gott Menschen zu sich ruft und uns dafür gebraucht. Wir können durch jeden großen Sturm hindurchgehen – aber nur, wenn wir immer wieder um die Anerkennung Gottes wissen und diese spüren. Dann gibt er uns oft die nächste Hürde auf, die uns in noch mehr Abhängigkeit zu ihm treibt. Damit wir schlussendlich verstehen: Alles, was wir haben, ist ein Geschenk. Unverdient!

Stolpernd Leiten

Leider gibt es viele Leiter, die aufgeben. Die an ihren Herausforderungen nicht wachsen, sondern geschlagen das Feld räumen. 60 Prozent aller Leiter geben irgendwann im Laufe ihres Lebens auf, zitierte Dr. Michael Oh, internationaler Direktor der Lausanner Bewegung aus einer Statistik. Wobei die Mehrheit von ihnen offenbar zwischen 35 und 45 Jahre alt ist. Ich wünsche mir, dass wir uns von den genannten Stolperfallen nicht aufhalten lassen, sondern weitermachen, und, wenn es sein muss: stolpernd leiten. Wie Jakob.

Seine Geschichte steht im Alten Testament der Bibel: Er kam als zweiter Zwilling zur Welt; sein Name Jakob bedeutet »der Täuscher«. Er war nicht nur ein Muttersöhnchen, sondern auch ein Betrüger: Am eigenen Vater und Bruder beging er Verrat. Dann wurde der Erbschleicher selbst zum Gejagten. Der, der andere betrogen hatte, wurde nun selbst betrogen. Rahel wollte er als Frau nehmen, aber zuerst wurde ihm ihre Schwester Leah untergejubelt. Am absoluten Tiefpunkt angekommen, macht Jakob eine Gotteserfahrung, als er im Traum mit einem Mann kämpft. Jakob merkt, dass es ein Gesandter Gottes ist, und fordert: »Ich lasse nicht von dir, bis du mich segnest« (1. Mose 32,20). Der Gegner verrenkt Jakobs Hüfte, sodass dieser fortan hinkt – auch nach dem Traum. Nach dieser Gottesbegegnung gibt Gott Jakob einen neuen Namen. Den Gebrochenen nennt Gott Israel – »der mit Gott gekämpft hat«. Nicht die Schwäche definiert Jakob, sondern der gnädige Gott, dessen Angesicht er gesehen hatte, und der ihn doch weiterleben lässt. So wurde Jakob zum Segen für viele.

Wachstumsschmerzen

Es gibt eine besondere Blume in Südafrika, die erst nach einem verheerenden Brand blüht: die Feuerlilie. Diese Blume wächst durch die Asche hindurch. Manches kommt auch in unserem Leben nur durch Schmerzen zum Vorschein. Wachstum in Charakter und Leiterschaft wird oft nur durch Schmerzen geboren. Wenn etwas in unserem Leben zerbricht, dann wollen wir es entsorgen – seien es Beziehungen oder Geschirr. Eine traditionelle japanische Reparaturmethode heißt Kintsugi. Dort wird das Gefäß wieder zusammengesetzt – aber nicht mit einfachem Kleber, sondern mit flüssigem Gold. Das Gefäß wird durch die Reparatur also kostbarer, als es vorher war. Deine Schmerzen und Narben durch Leitung machen dich nicht minderwertiger, hässlicher oder degradieren dich. Diesen Herausforderungen zu begegnen, durch diese zu wachsen und ein besserer Leiter zu werden, machen dich wertvoller als vorher. »Lass dir an meiner Gnade genügen; denn meine Kraft vollendet sich in der Schwachheit. Darum will ich mich am allerliebsten rühmen meiner Schwachheit, auf dass die Kraft Christi bei mir wohne«, schrieb Paulus den Christen (2. Korinther 12,7–10). Nicht aufgeben, sondern durchgehen! Und das alles mit Gottes Hilfe.

Wie Wunden zur Heilung kommen

Meiner Erfahrung nach braucht es mindestens folgende zwei Dinge, um zu heilen: zum einen das Wort Gottes – es sollte von uns Leitern inhaliert werden. Es ist unser Fundament, unsere Basis, unser Handbuch. Gottes Wort belebt und bestimmt uns. Daher kommt meine Identität und nicht von welch toller Position auch immer. Zum anderen sollte jeder Leiter einen »Schmerz-Partner« haben. Jemanden, mit dem wir unsere Wunden lecken, bei dem wir echt sein dürfen und nicht verurteilt werden. Auf beides konnte ich nach meiner Kündigung zurückgreifen – und beidem verdanke ich, dass ich weiterhin mit Gott und in meiner Berufung unterwegs bin.

Gehorsam befreit

Über ein Jahr nach meiner Kündigung erfuhr ich, dass das Projekt, das ich viele Jahre mit aufgebaut hatte, hohe Schulden eingefahren hatte. Mein erster Impuls war: »Ätschibätschi, das geschieht euch ganz recht!« Doch diese Genugtuung dauerte nur eine Minute. Das Projekt, das ich so liebte, sollte doch nicht sterben!

Zwei Wochen später sprach Gott zu meinem Herzen: »Evi, spende du was!« Ich befand mich finanziell gerade in einer äußerst ungünstigen Situation: Mein Auto war wegen eines dummen Fehlers von mir in der Werkstatt und zudem hatte ich meinen Computer gecrasht und kompletten Datenverlust verursacht. Ich würde also eigene Schulden aufnehmen müssen, um für dieses Projekt zu spenden. Für die Schulden anderer.

Was habe ich um diese Entscheidung gerungen! Es war ein riesiger Kampf in meinem Herzen. Immer wieder stellte ich mir die Frage: »Was möchte Gott von mir? Was will ich als Leiterin vorleben?« Statt mich in meinem eigenen Selbstmitleid zu suhlen, habe ich mich für Gehorsam gegenüber Gott entschieden und in einer Silvesternacht doch überwiesen. Eine Riesenlast fiel von meinen Schultern. Ich startete befreit in ein neues Jahr. Ich hatte nicht Gleiches mit Gleichem bezahlt – und durfte danach krass erleben, dass Gott sich nicht lumpen lässt, wenn wir etwas für ihn opfern. Die Rechnung für meine Datenrettung wurde von dem Datenretter selbst übernommen, dem ich in der kurzen Geschäftsbeziehung zum Segen werden durfte. Und das war doppelt so viel wie die Summe, die ich gespendet hatte.

Ich blicke auf diese schmerzhafte Erfahrung von vor fünf Jahren zurück und sehe etliche Feuerlilien, die durch diese Krise in meinem Leben gewachsen sind. Ich hätte sie mir weder gewünscht noch ausgesucht – aber ich bin Gott so sehr dankbar, dass er mit mir durch jede dieser Phasen treu hindurchgegangen ist, meine Berufung immer wieder neu bestätigt und mich ebenso dafür gebraucht, anderen Leitenden Mut zu machen, selbst nicht aufzugeben. Stolpernd leiten heißt für mich, mit Gott und in aller Schwachheit voranzugehen und mutig zu sein.

10

SELBSTFÜRSORGE UND BURN-OUT

Es ist kurz vor meiner Deadline: Eine Woche noch, dann muss ich das fertige Manuskript meiner Lektorin schicken. Seit Monaten kürze ich mein Schlafbudget. Stehe viel früher auf als sonst, um zu schreiben – bevor ich meinem Vollzeitjob nachgehe. Sonntags schnell noch ein paar berufliche Mails beantworten, damit es am Montag auf der Arbeit nicht zu viel wird. Einen Tag in der Woche versuche ich, meine Akkus wieder aufzuladen. Es fällt mir zusehends schwerer, wirklich runterzufahren, zu entspannen, nichts Produktives zu tun. Manchmal überfallen mich Rastlosigkeit und Unruhe. Vergangenes Jahr, das durch die Corona-Pandemie besonders arbeitsintensiv war, habe ich nur eine Woche Urlaub genommen. Nach mehreren Wochen im Homeoffice verschwammen die Grenzen zwischen Arbeit und privat zusehends. Ich arbeitete mehr, als ich gemusst hätte – der Weg zur Arbeit fiel ja weg, und zu tun gab es immer genug. Es waren anstrengende Zeiten. Über einen absehbaren Zeitraum ist das in Ordnung. Gleichzeitig weiß ich, dass sich mein hohes Tempo irgendwann rächen wird, wenn ich nicht rechtzeitig auf die Bremse trete.

Wie ich müssen besonders die Menschen achtsam sein, die gerne und viel arbeiten, weil ihnen ihr Job Spaß macht; die immer 100 Prozent geben; die dazu tendieren, sich zu verausgaben; die sich selbst und allen anderen beweisen wollen, dass sie als junge, engagierte Führungskraft ein hohes Pensum schaffen können; die unbezahlte Überstunden schrubben, weil es zum guten Ton des Kaders gehört; die lieber alles selbst machen, anstatt zu delegieren. Laut einer Studie, die 2010 vom Bundesministerium für Familie, Senioren, Frauen und Jugend in Auftrag gegeben wurde, verspüren Frauen den Druck, in Führungspositionen mehr als Männer leisten zu müssen, um (vor allem in von Männern geprägten Branchen) als Leiterin akzeptiert zu werden.[44] Kommt dann noch die Arbeit im Haushalt und mit der Familie dazu, ist die Gefahr einer Erschöpfung oder eines Burnouts groß. »Entscheidend ist aus meiner Sicht die Motivation, die hinter einem überhöhten Arbeitseinsatz steckt: Ist es der Bedarf, der sich aus einer komplexen Situation des betreffenden Unternehmens oder der Aufgabenstellung ergibt? Oder dient er als Kompensation für eigene Defizite in anderen Lebensbereichen und fungiert als eine Art Flucht?«,[45] gibt Thomas Middelhoff zu Bedenken. Lange Arbeitszeiten können symptomatisch sein für Konflikte oder Spannungen im Privatleben – Arbeit dient dann als Flucht vor den Herausforderungen zu Hause.

Die Pflicht zur Fürsorge

Als Leiterinnen haben wir eine Fürsorgepflicht. Für unser Team. Und für uns. Natürlich liegt es nicht direkt in unserer persönlichen Verantwortung, ob sich unsere Mitarbeitenden verausgaben oder überarbeiten, ob sie ihre Wochenenden zum Ausruhen nutzen oder von einer Aktivität zur nächsten hetzen.

44 Bundesministerium für Familie, Senioren, Frauen und Jugend: Frauen in Führungspositionen – Barrieren und Brücken, Sinus Sociovision, Heidelberg 2010, S. 37 f.

45 Thomas Middelhoff: Schuldig – Vom Scheitern und Wiederaufstehen, Adeo, Asslar 2019, S. 114.

Und doch ist es an uns, die Voraussetzungen dafür zu schaffen, dass sie Überforderung äußern dürfen, am Wochenende keine Arbeit mit nach Hause nehmen oder so viele Überstunden anhäufen, dass sie nicht mehr abgebaut werden können.

Unsere Gesellschaft glorifiziert Stress und Produktivität. Sie glorifiziert durchgearbeitete Wochenenden, Überstunden und die ersten Mails morgens um kurz nach sechs. Selbst im ersten Lockdown, im erzwungenen Stillstand, waren einige noch produktiv: Im ausgiebigen Frühjahrsputz wurden Keller, Dachböden und Rumpelkammern auf Vordermann gebracht, Baumärkte wurden gestürmt, die eigenen vier Wände verschönert und gestrichen. Viele von uns trafen sich online zum Sport mit Pamela, buken Hefeteig und Bananenbrot bis zum Umfallen. Endlich Zeit, um einen richtigen Sauerteig anzusetzen und zu pflegen! Andere mussten die Mehrfachbelastungen von Homeoffice, Kinderbetreuung, Distanzlernen, Haushalt, Krankheit und beschränkten Kontakten meistern – immer mit dem Gefühl im Nacken, keiner dieser Aufgaben zufriedenstellend gerecht zu werden und in den Augen der Gesellschaft oder des Arbeitgebers »unproduktiv« zu sein.

Zum Glück hat Corona auch etwas anderes zum Vorschein gebracht: unsere Verletzlichkeit. Manche haben es gewagt, ihre Angst vor der Zukunft, dem Jobverlust oder Ansteckung zu äußern. Haben nicht zurückgehalten, wenn sie die Kreativität der anderen unter Druck gesetzt hat. Haben ausgehalten, als die Produktivitäts-Euphorie langsam der Frustration wich, der Angst und Trauer um ein verlorenes Jahr und verlorene Menschen. Ganze Branchen waren zur Untätigkeit gezwungen, während andere über ihre Belastungsgrenzen hinaus arbeiten mussten. Wir hätten schon viel erreicht, wenn wir dieses Learning mit in unseren künftigen Arbeitsalltag mitnehmen: Jeder hat eine andere Belastbarkeit. Und jeder hat das Recht, sie zu wahren.

Wahr ist auch: Nicht jeder Arbeitgeber wird diese Grenzen verstehen. Als Berufsanfängerin bin ich nicht nur in einen Vollzeitjob eingestiegen, sondern habe nebenbei meine ehrenamtliche Tätigkeit als Chefredakteurin der christlichen Jugendzeitschrift »Youngsta« aus Studienzeiten weitergeführt – zu einer Zeit, in der das Magazin einen kompletten Relaunch erfuhr. Da ich wusste, dass nach der Arbeit im Büro noch zwei Stunden Ehrenamt auf mich warteten, machte ich pünktlich Feierabend, selten Überstunden und achtete auf eine ausgewogene Work-Life-Balance. Am Ende wurde mir genau dieses penible Haushalten mit meinen Kapazitäten als »wenig engagiert« ausgelegt.

Zum Glück erfährt das Thema Achtsamkeit im Arbeitskontext immer mehr Beachtung. Einen großen Anteil daran haben sicherlich Jan Lenarz und Milena Glimbovski, die den ganzheitlichen Terminplaner »Ein guter Plan« entwickelt haben, der Achtsamkeit, Stress und Burn-out-Prävention mit klarem Design und Nachhaltigkeit verbindet. Sie wissen, wovon sie sprechen: Beide haben einen Burn-out hinter sich. »Ich habe mich wie ein Smartphone behandelt: so viel leisten wie möglich und nach einer Weile Batterien aufladen, dann geht das schon. Aber so ging es offensichtlich nicht«, sagt Jan Lenarz rückblickend.[46] Offensichtlich geht es einer ganzen Generation ähnlich – denn der Erfolg und die Absatzzahlen sind riesig.

Auch online durch Blogbeiträge und Gedankenanstöße in den Social Media ist das Team von »Ein guter Plan« dabei, das Stigma rund um mentale Gesundheit aufzubrechen und eine »New Work Balance« zu etablieren. Es ist überzeugt: Um die persönlichen Belastungsgrenzen zu kennen, braucht es schonungslos ehrliche Reflexion. Seine Achtsamkeitsampel kann

---

46 Jan Lenarz: Eine gute Geschichte – Vom Burnout zum Buch, https://einguterplan.de/ueber-uns (letzter Zugriff am 06.02.2021).

hierfür ein Indikator sein. Sie fragt Bewegung, Stimmung, Flüssigkeitshaushalt und Aktivität ebenso ab wie Produktivität, Fokus, Zufriedenheit und Stress. Auch Burn-out-Anzeichen behält der Planer im Blick: »Ein Burn-out kommt für Betroffene oft überraschend, denn die Symptome zeigen sich schleichend und werden oft nur als typische Begleiterscheinungen von Stress wahrgenommen.«[47]

Wenn die Chefin leidet, leiden alle

Die Meta-Studie eines Forschungsteams aus den Universitäten Kiel, Frankfurt und Koblenz-Landau hat 2019 belegt, dass Wohlbefinden und Führungsstil zusammenhängen.[48] Fühlen wir uns nicht mehr wohl, weil wir als Leiterinnen geradewegs in einen Burn-out schlittern, und daraus ein destruktiver Führungsstil entsteht, dann leiden nicht nur wir, sondern auch unsere Mitarbeitenden. Sie müssen mit den unklugen Entscheidungen umgehen, die wir treffen; sie müssen ihr Produktivitäts- und Stimmungslevel halten, während wir leicht reizbar oder schlichtweg nicht ansprechbar sind. Sie müssen ausgleichen, wenn unsere Performance leidet, weil wir durch Stress und Gedankenkreisel nicht schlafen können oder uns krank zur Arbeit schleppen. Es fällt schwer, diese (und weitere) Symptome als das anzuerkennen, was sie sind: Anzeichen einer Erschöpfung und eines Burn-outs. Und spätestens dann können wir unserer Rolle als Vorgesetzte nicht mehr gerecht werden. Denn als Vorgesetzte tragen wir Verantwortung – auch dafür, ob wir Stress und Überstunden zelebrieren oder ob wir es feiern, wenn unsere Mitarbeitenden die richtigen Prioritäten setzen und die Arbeit in der ihnen zur Verfügung stehenden Zeit schaffen. Ich bewundere

47 Jan Lenarz: Ein gutes Projekt, Ein guter Verlag, Berlin 2019, S. 44.

48 Christian-Albrechts-Universität zu Kiel: Wie steht es um das Wohlbefinden von Führungskräften?, 2019, https://www.uni-kiel.de/de/detailansicht/news/208-fuehrung-und-wohlbefinden/# (letzter Zugriff 06.02.2021).

meine Kolleginnen Anne und Rebecca dafür, ihre persönlichen Belastungsgrenzen genau zu kennen. Sie wissen, wann es zu viel ist. Sie schaffen es, rechtzeitig zu kommunizieren, wenn Aufgaben nicht erledigt werden können oder das Pensum zu groß ist. Sie sind engagiert und voller Leidenschaft – und gehen gleichzeitig achtsam mit sich selbst um und gestehen sich ihre Grenzen ein. Und sie halten es aus, wenn die Produktivitätsgesellschaft mit großen Augen danebensteht und über so viel innere Freiheit den Kopf schüttelt.

Knapp daneben ist auch fast drin

Eines Nachts lag ich in meinem Bett, hellwach und unfähig zu schlafen. Mein Herz klopfte bis zum Hals – ich spürte meinen rasenden Puls; die ganze Nacht fror ich und klapperte mit den Zähnen. Meine Gedanken rasten von einer To-do zur nächsten, ich wälzte mich von Sorgen getrieben hin und her. Vor einem Jahr war ich in eine andere Stadt gezogen, hatte bisher die Doppelbelastung von neuem Job und Zeitschrift gewuppt, kam nun aber zweifellos ans Ende meiner Kräfte. Das war der Punkt, an dem ich wusste: Wenn ich jetzt nichts ändere, dann schlittere ich geradewegs in den Burn-out. Attestiert wurde es nie – aber knapp neben einem Burn-out oder einer Erschöpfungsdepression vorbeizuschlittern, hat gereicht, um mich aufzuwecken. Ich konnte zwar erst ein Jahr später die Leitung der Zeitschrift niederlegen – aber in dieser Nacht habe ich mir eingestanden, dass auch meine Kapazitäten begrenzt sind.

Schon allein die Anerkennung meiner eigenen Belastungsgrenze hat mir gutgetan. Zudem habe ich meine aktuelle Arbeitsbelastung reduziert: Ich habe Aufgaben delegiert oder es ausgehalten, wenn ihre Erledigung keinen Perfektionsstatus erreicht hat. Außerdem musste ich herausfinden, wie ich runterfahren kann. Bei welchen Aktivitäten entspanne ich mich? Wie tanke ich neue Kraft? Wo setze ich meine persönlichen

Grenzen? Einiges musste ich auch neu lernen: ohne schlechtes Gewissen Nein zu sagen zum Beispiel oder mich des Gefühls zu entledigen, die Welt retten zu müssen. Mir hat es geholfen, mir einen ganzen Tag Zeit zu nehmen, um zur Ruhe zu kommen, wie es das gute Konzept des Sabbats besagt. Seit ich denken kann, nimmt sich meine Familie bewusst einen Tag frei, an dem Zeit ist für die Beziehung zu Gott und untereinander. Ein Tag pro Woche mit einem entspannten Nachmittag ohne Arbeit, an dem das Schläfchen auf der Couch zum festen Entspannungsrepertoire gehört. Im vierten Teil dieses Buches spreche ich mit der Sozialpädagogin Cornelia Otto noch intensiver über Sabbat, Ruhephasen und Seelenhygiene.[49]

Unsere »Hustle Culture« aus Hektik und übertriebener Geschäftigkeit lässt sich nur verändern, wenn sich diejenigen verändern, die führen. Wenn wir als Leiterinnen unrealistischen Erwartungshaltungen Ade sagen und uns bewusst dort Stärke und Kraft holen, wo wir sie auch erwarten dürfen: bei Jesus selbst. Denn in seiner Gegenwart, in der ich zur Ruhe kommen kann, sind weder Leistung noch Betriebsamkeit wichtig. Da ist nur wichtig, dass ich bin.

---

49 Mit den Anzeichen drohenden Burn-outs und dem Umgang damit befasst sich sehr lesenswert das Buchmagazin »BURN OUT«. Feinfühlig berichtet die Christin, Designerin und Unternehmerin Sonja Schlittenbauer darin von ihren eigenen Erfahrungen und wie ihr der schmerzhafte Zerbruch ihres vollen Alltags dabei geholfen hat, einen göttlichen Perspektivwechsel vorzunehmen. Sie schreibt über Identität und Autorität, woher außergewöhnliche Stärke kommt und wie es ihr gelingt, dass Panik, Sorgen und Menschenfurcht keine Macht mehr haben. Mit vielen Tipps und Inspirationen zum Nachmachen, hilft sie dabei, den eigenen Umgang mit Stress und einem hohen Pensum zu reflektieren.

11

NETZWERKEN UND SICHTBAR WERDEN

Da stand ich nun: vor einer großen, dunklen Menschentraube, die sich in einem Seitengang der Messehalle sammelte, nachdem der allgemeine Publikumsverkehr bereits verebbt war. Jeder, der etwas auf sich hielt, kam zumindest kurz auf ein Gläschen Sekt vorbei. Sie wirkte bedrohlich, diese Menschenmasse, bereit, mich zu verschlingen – nur, um mich bald darauf wieder auszuspucken und mir mit ihrer Ignoranz zu verstehen zu geben: Du gehörst noch nicht zu uns! Du musst dir erst deinen Stand erarbeiten. Niemand von uns hat auf dich gewartet oder unterbricht ein Gespräch, um dich kennenzulernen.

Meine Wunschvorstellung, dass mich jemand ins Schlepptau nähme und einigen Leuten vorstelle, verpuffte schnell. Also musste ich diese Erwartungshaltung ablegen und mein Netzwerkglück selbst in die Hand nehmen. Nach kurzem Zögern stürzte ich mich ins Getümmel und hangelte mich eine Weile durch. Ich nahm mir fest vor, mich für das nächste Mal besser vorzubereiten. Und dieser Abend verstärkte in mir den Wunsch: Ich möchte die jungen, engagierten Frauen mit Potenzial sehen und ihnen die Möglichkeit geben, sich auch außerhalb ihrer Altersklasse zu vernetzen. Ich möchte die Frau sein, die mir in dieser Situation selbst enorm geholfen hätte. Damit Netzwerken nicht zur lästigen Pflichtveranstaltung wird, bei der man sich an sein Sektglas klammert, sondern eine, von der man nachhaltig profitiert und das eigene Netzwerk im Idealfall um einen neuen Kontakt erweitert. Bei der Recherche ist mir das Buch »Die Netzwerk-Bibel«[50] in die Hände gefallen, in dem die Autorin Tijen Onaran beschreibt, dass Netzwerken auch anders funktionieren kann. Das Nachfolge-Werk »Nur wer sichtbar ist, findet auch statt«[51] thematisiert die Sichtbarkeit von Frauen. Im Interview habe ich mit ihr darüber gesprochen, warum Netzwerke wichtig sind, wie man eins aufbaut und pflegt und warum das Stichwort »Personal Branding« dafür wichtig ist.

---

50 Tijen Onaran: Die Netzwerk-Bibel, Springer, Wiesbaden 2019.
51 Tijen Onaran: Nur wer sichtbar ist, findet auch statt, Wilhelm Goldmann, München 2020.

TIJEN ONARAN (35) ist Investorin, Autorin, Geschäftsführerin und Gründerin von »Global Digital Women«, einem Unternehmen für die Vernetzung von Frauen in der Wirtschaft. Sie setzt sich für die Digitalisierung und Sichtbarkeit von Frauen in der Wirtschaft ein. Das »Manager Magazin« zählt sie zu den 100 einflussreichsten Frauen der deutschen Wirtschaft; auf LinkedIn ist sie weltweit eine von wenigen Top-Influencerinnen.

Warum ist es für Berufseinsteiger oder für Frauen, die in Führung gehen wollen, eigentlich wichtig, ein Netzwerk aufzubauen, und wann sollte man damit anfangen?

Man kann nicht früh genug mit dem Netzwerken anfangen. Egal, ob du im Studium, deinem ersten Job oder einer Führungsposition bist. Irgendwann wird der Moment kommen, in dem du ein Netzwerk brauchst, um sichtbarer zu werden. Deswegen sind beide Aspekte, Netzwerk und Sichtbarkeit, so wichtig, denn das eine bedingt das andere. Leistung ist schön und gut, aber wenn das niemand sieht und niemand auf dich aufmerksam wird, hilft dir die Leistung am Ende des Tages auch nicht. Ein Netzwerk multipliziert deine Leistung. Wenn du viele Menschen oder die für dich entscheidenden Menschen kennst, helfen sie dir dabei, Türen zu öffnen. Ich habe gerade im beruflichen Kontext erlebt, dass sich die Qualität meines Netzwerks gezeigt hat, wenn ich es besonders gebraucht habe. Nämlich immer dann, wenn ich irgendwie feststeckte, meinen Job gewechselt oder verloren habe, als ich mich selbstständig machen wollte. Mein Netzwerk hat mir geholfen, weil es Ratgeber war und gleichzeitig eine Innovations- und Motivationsschmiede für all meine beruflichen Ziele.

Wie kann ich ein qualitativ gutes Netzwerk aufbauen?

Der wichtigste Schritt ist, bei dir selbst anzufragen. Du solltest dir überlegen: Wo will ich eigentlich hin? Was erfüllt mich beruflich? Wo sind meine Träume, meine Leidenschaften? Von diesen Antworten hängt ab, wer im Idealfall Teil deines Netzwerkes sein sollte. Wenn du beispielsweise jetzt schon weißt, dass du in einem Jahr die Branche wechseln willst, dann solltest du so netzwerken und dich mit Leuten zusammentun, die in deiner zukünftigen Branche bereits aktiv sind. Wenn du dich selbstständig machen willst, dann solltest du dahingehend überlegen, wie du das, was du vorhast, an dein Netzwerk herantragen kannst und wer ein potenzieller Kunde sein könnte. Netzwerken hat immer auch etwas mit super guter Vorbereitung und Recherche zu tun. Man merkt es Menschen an, wenn sie nicht gut vorbereitet sind. Dazu musst du dir Gedanken darüber machen, wie du deine vorher festgelegte Zielgruppe erreichen kannst. Wo kannst du die Menschen treffen, die für dich relevant und entscheidend sind? Da sind wir beim Thema Social Media.

Woher weiß ich, wer für mich wichtig ist,und wie trete ich mit ihnen in Kontakt? Meistens handelt es sich ja um beschäftigte Leute, die einen gewissen Rang haben …

Beim Netzwerken gilt: »Wer nicht fragt, der nicht gewinnt.« Wenn man keine Fragen stellt und den Kontakt nicht sucht, dann wird man auch nie die Möglichkeit haben, dass Menschen auf einen aufmerksam werden – Thema Sichtbarkeit. Social Media hat das Netzwerken viel einfacher gemacht und unsere Arbeitswelt viel stärker demokratisiert. Ich kann mir heute einen Account zulegen und mit allen Menschen in Kontakt treten –

auch gerade mit Personen, die entweder weiter in ihrer Karriere sind oder in anderen Branchen arbeiten. Ich muss erst einmal identifizieren, wer eigentlich die Multiplikatoren und Multiplikatorinnen in meiner Branche sind: Wer sind die Agenda-Setter, die Themen vorantreiben, wer ist eine starke Stimme in dem Kontext? Im zweiten Schritt muss ich mir überlegen, warum diese Person sich mit mir austauschen sollte: Was hat die Person davon, mit mir in Kontakt zu sein? Das ist ganz entscheidend; erst dann kann ich auf sie zugehen. Wenn ich jemanden über Twitter, LinkedIn oder XING kontaktiere, steht immer gleich im Text, was die Person davon hat, wenn sie sich mit mir austauscht. Das bedeutet klarzumachen, was deine Stärken sind oder welche Expertise du mitbringst. Mittlerweile reden wir in Unternehmen über »Reverse Mentoring«, wo nicht nur erfahrene Führungskräfte junge Kollegen und Kolleginnen mentoren, sondern umgekehrt auch die jungen Kolleginnen und Kollegen die Führungskräfte mentoren. Grenzen verschwimmen durch Social Media und das macht es fürs Netzwerken einfacher denn je. Die Zurückhaltung, auf jemanden zuzugehen, müssen wir ablegen. Wir müssen auch nicht jemand anderes sein. Gerade für Introvertierte sind Social Media super, weil sie die Möglichkeit lassen zu beobachten, Personen zu folgen und sie stattfinden zu lassen, bevor man in den Austausch geht. Bei einer Veranstaltung ist das schon anders.

Das heißt, dass ich mich und meine Fähigkeiten sehr gut kennen muss, um klar zu definieren, was ich überhaupt anbieten kann. Das muss aber nicht immer die Vermittlung eines guten Kontaktes sein, sondern es können auch kleinere Dinge sein.
Absolut. Hier geht es wieder ums Beobachten. Dann weiß ich, dass die Person sich viel mit dem Thema Hunde auseinandersetzt oder in den Social Media nach einem Tipp für einen Hundesitter oder Restaurant gefragt hat. Wenn du dann zur Stelle bist und ein guter Sparringspartner für persönlichere Momente

sein kannst, ist das natürlich ein guter Netzwerk-Kontakt. Da ist es gar nicht so wichtig und relevant, dass man wahnsinnig wissenschaftliche Studien verschickt oder in der Karriere weiter ist. Beim Netzwerken kommt es immer darauf an, dass man dieses Spiel des Gebens und Nehmens wirklich beachtet und sich immer vor Augen führt: Jeder hat etwas zu geben. Und hier kommt die Netzwerkpflege ins Spiel: Melde dich nicht nur an Geburtstagen, Jubiläen oder bei einem Jobwechsel, sondern auch zwischendurch. Wenn du weißt, mit welchen Themen sich dein Gegenüber auseinandersetzt und du etwas Spannendes dazu gelesen hast, dann schick doch mal einen Link. Du kannst inhaltlichen Mehrwert bieten, ohne Fachexpertin für ein Thema zu sein. Das vergessen viele Leute: Sie melden sich immer nur dann, wenn sie etwas brauchen. Das ist aber nicht Netzwerken. Netzwerken ist im Idealfall eine lange Beziehung, die man eingeht: die da ist, wenn man etwas braucht, oder in Krisenzeiten, keine Frage – die aber vor allem auch ohne konkreten Anlass funktioniert. Es ist viel wichtiger, schon eine gute Beziehung aufzubauen, bevor der konkrete Anlass kommt, an dem man etwas braucht.

Man trifft jemanden und bekommt dann seine Visitenkarte. Du verbindest das immer mit der Frage: »Auf welchem Netzwerk kann ich dich erreichen?« Wie kann man im Nachklapp – online – auf einen neuen Kontakt reagieren, ohne dass es zu »gewollt« aussieht?

Social Media sind eine schöne Möglichkeit, um weiter in Kontakt zu bleiben. Der Moment, eine Visitenkarte zu bekommen oder zu übergeben, ist schön. Aber für die nachhaltige Netzwerkpflege viel relevanter ist, dass man sich auf den Social Media vernetzt und auch wirklich vernetzt bleibt. Man kann sich beispielsweise in Erinnerung rufen, indem man sich in Debatten oder Diskussionen einbindet. Ein Like ist auch eine Form der Netzwerkpflege – und das ist gar nicht aufgesetzt. Was früher ein Anruf war, ist heute ein Like. In meinen beiden Büchern beschreibe ich, wie entscheidend die Qualität deines Netzwerks ist – nicht die Quantität. Dann kannst du dein Netzwerk auch pflegen und auf den Social Media interagieren. Du solltest auch überlegen: Welche Inhalte treiben mich eigentlich um? Worüber hast du etwas gelesen – könntest du dazu mal etwas posten? Das muss nicht immer der riesengroße wissenschaftliche Beitrag sein. Aber du solltest dir auch überlegen, gerade auf den Social Media, was der Mehrwert für Leute ist, die mit dir vernetzt sind. Das ist sozusagen das Prinzip des Netzwerks.

Besteht nicht die Gefahr, sich selbst zu sehr darzustellen? Und wird da nicht ein großer Druck erzeugt, einen tollen Instagram-Feed zu haben?

Genau das beschreibe ich in »Nur wer sichtbar ist, findet auch statt«. Und ich hoffe, dass ganz viele Menschen verstanden haben, dass es mir nicht um die Inszenierung, sondern um die Positionierung geht. Das Wichtigste ist zu wissen: Ich werde sowieso positioniert – ob ich möchte oder nicht. Es wird ein Bild geben, das andere von mir haben. Die Frage ist: Lasse ich zu, dass andere Menschen ein Bild von mir haben, mit dem ich mich unwohl fühle und das nicht zu mir passt – oder präge ich dieses Bild selbst mit, auf eine Art und Weise, die zu mir passt? Ich wäre immer für die zweite Variante, weil ich ein großer Fan von Unabhängigkeit bin. Das ist übrigens auch extrem wichtig fürs Thema Netzwerken. Je unabhängiger du von deinem Job bist und je eher du Themen hast, die jeden Job überdauern, desto unabhängiger bist du auch beim Netzwerken – weil du dich nicht von Hierarchie, Position oder Einfluss blenden lässt, sondern dich am Thema orientierst. Menschen, die sich damit auseinandersetzen, dass sie irgendetwas überinszenieren könnten, werden sowieso nie in diese Gefahr kommen, weil sie sich schon vorher reflektieren.

Wie findet man die Themen, mit denen man sich positioniert?
Das hängt sehr stark davon ab, was man bisher gemacht hat, in welchem Umfeld man unterwegs war; welche Talente und Fähigkeiten man mitbringt und in welchem Themenfeld man sich gern positionieren möchte. Je breiter das Thema ist, desto schwieriger wird die Positionierung. Wenn du dich zugespitzt positionierst, ist es anfangs etwas einfacher, weil es nicht wahnsinnig viele Experten oder Expertinnen gibt. Wenn man es generalistisch angeht und kein richtiges Thema hat, weil man oft den Job gewechselt hat, dann sollte man auf die Suche nach den Themen gehen, die über jeden Job hinweg eine Rolle gespielt haben. Das sind meistens Themen wie Organisation, neue Arbeitsfelder, Führung oder Netzwerk – also all das, was jeden Job überdauert. Was mir bei der Themenfindung geholfen hat, war, mein Umfeld zu fragen: Was sind Themen, die ihr mit mir identifiziert? Wofür stehe ich in euren Augen, wie nehmt ihr mich wahr? Diese Eigenbild- und Fremdwahrnehmung hilft, den eigenen Weg zu sehen und genau zu überlegen, in welche Richtung man geht.

Du rätst, die eigene Personenmarke stark zu schützen und sich nicht zu allen Themen zu äußern. Was würdest du tun, wenn man sich aber aus Verantwortung vor seiner Reichweite zu einem Thema positionieren möchte, das nicht zum Markenkern gehört?
Das ist eine sehr individuelle Entscheidung. Wichtig ist es, sich nicht zu positionieren, um des Positionieren willens oder weil es alle machen. Bei einem gesellschaftspolitischen Thema wie »Black Lives Matter«, Rassismus oder Diskriminierung muss ich das in den richtigen Kontext setzen und erklären, warum ich mich dazu äußere. Das Wichtigste bei der Positionierung ist die Glaubwürdigkeit. Nichts ist schlimmer, als wenn du dich zu einem Thema positionierst, du dich aber noch gar nicht intensiv mit dem Thema auseinandergesetzt hast.

Was kann man tun, wenn man massiv das Gefühl hat, nicht gut genug zu sein, den Aufgaben nicht gewachsen zu sein? Man spricht da ja auch vom Hochstapler-Syndrom.

Das Wichtigste ist, ein Umfeld zu haben, in dem man das thematisieren kann – Mentoren, Vorbilder oder Sponsoren, die auch schon mit dem Hochstaplersyndrom in Berührung gekommen sind. Außerdem sollte man sich immer vor Augen halten, dass es eine reine Kopfsache ist, die da abläuft. Kein Mensch wird es je mitbekommen – nur dann, wenn ich das transparent mache und darüber rede. Das in einem geschützten Rahmen zu machen hilft. Also Gleichgesinnte und Verbündete suchen und einfach mal fragen: »Geht's dir genauso, dass du jedes Mal, wenn du eine Aufgabe vor dir hast, denkst: Ich kann das eigentlich gar nicht. Ich flieg auf!« Dann wird man feststellen, dass es ganz vielen Menschen ähnlich geht. Um als Führungsperson eine Kultur zu bilden, in der Mitarbeitende das Gefühl haben, das Gefühl aussprechen zu können, hilft es, selbst darüber zu sprechen. Das ist der Aspekt der inklusiven Unternehmenskultur, bei der ein Raum geschaffen wird, in dem alle so sein können, wie sie sein wollen. Am Ende hilft es immer, sich die Frage zu stellen: Was ist das Schlimmste, was passieren kann? Meistens bleibt da nicht viel.

Als junge Führungskräfte werden wir wahrscheinlich einige Fehler machen, die man kommunizieren muss. Du bist der Ansicht, dass man, statt die Salamitaktik zu fahren, lieber gleich die Karten auf den Tisch legen sollte. Was muss ich dabei beachten?

Das Wichtigste ist, das Problem auf eine Ich-Ebene zu heben. Zuzugeben: »Ich weiß auch nicht weiter« oder »Ich habe einen Fehler gemacht«. Die Salamitaktik kommt aus der Politik: Journalisten graben, graben und finden immer mehr. Und erst daraus wird ein richtiger Skandal. Der Skandal entsteht ja nicht durch den Fehler, sondern häufig aus dem Umgang mit dem

Fehler. Menschen werden dich immer an dem Umgang mit dem Fehler messen, nicht an dem Fehler selbst. Das muss man immer im Hinterkopf behalten. Deswegen würde ich immer ehrlich und offen die Wahrheit sagen, auf Leute zugehen. Menschen verzeihen, das habe ich häufiger erlebt. Das Versteckspiel ist es, was sie nicht verzeihen (oder was schwerer zu verzeihen ist).

Allerdings zeigt man damit ja eine gewisse Schwäche …

Dass man das Gefühl hat, Schwäche zu zeigen, ist noch ein Überbleibsel der alten Zeit, in der man dachte, dass Führungskräfte alles wissen und alles können müssen. Das hat sich verändert.

12
VERHANDLUNGS-GESCHICK

Die meisten Frauen tun sich mit dem Verhandeln schwer. Gehalt besprechen? Haben nur sieben Prozent aller Masterstudentinnen in ihrem ersten Job schon gemacht. Und das, obwohl sie im Schnitt sechs Prozent weniger verdienen als Männer. 57 Prozent der männlichen Masterstudenten verhandeln, wie eine Studie an der Carnegie Mellon University zeigt.[52] Dabei könnte sich Verhandlungsgeschick nicht nur für das persönliche Bankkonto auszahlen, sondern auch im Berufs- und Führungsalltag. Warum Frauen durchaus mutiger beim Verhandeln sein dürfen und ob sich Verhandlungsgeschick lernen lässt, habe ich Marianne Schütze gefragt.

---

52 Marie-Charlotte Maas: »Viele Frauen wissen nicht, dass sie mehr Gehalt verhandeln könnten«, ZEIT Online, 2020, https://www.zeit.de/arbeit/2020-07/gehaltsverhandlung-frauen-gender-pay-gap-selbstbewusstsein-diskriminierung (letzter Zugriff am 08.02.2021).

MARIANNE SCHÜTZE (42) studierte Industriedesign und erwarb ihren Master in Business und Administration an der Executive Academy der Wirtschaftsuniversität Wien. Ihre berufliche Laufbahn begann sie als Beraterin für verschiedene Sparten, u. a. in der Automobilbranche, bevor sie für eine private Fluggesellschaft fünf Jahre lang als Leiterin von Verkauf und Marketing den deutschen Markt betreute. Weiterhin ist sie Autorin mehrerer Bücher und Gründerin von »PSALMart«.

Fünf Jahre arbeiteten Sie bei einer privaten Fluggesellschaft als Director of Sales & Marketing. Worin bestand Ihre Hauptaufgabe?

Ich habe an private Vermögende oder Unternehmen Anteile von Privatflugzeugen verkauft, nach dem Prinzip von Co-Ownership an Flugzeugen. Das heißt: Kunden finden, kontaktieren und überzeugen. Cold Contact.

Sind Sie als Frau in dieser exklusiven Verkaufsbranche Vorurteilen begegnet?

Ja, es gibt diese Vorurteile, dass Frauen in technischen Berufen oder Management-Positionen seltener gut sein können. Aber im Alltag geht es dann mehr um den Kundenkontakt und das Fingerspitzengefühl im Umgang mit ihm. Dass ich eine Frau bin, wurde mir nie zum Vorwurf gemacht. In meiner Firma wurden sogar vermehrt Frauen in diese Positionen gebracht, weil sie –

statistisch gesehen – in der Luxusbranche die besseren Verkäufer sind. Verwunderung darüber, dass ich als Frau private Flugzeugshares verkaufe, bekam ich meist nicht von Kunden – deshalb habe ich mir darüber auch nicht den Kopf zerbrochen. Es handelt sich eben um Vorurteile, also Urteile, die vor Faktenkenntnis ausgesprochen werden.

Ich kann mir vorstellen, dass Sie in dieser Branche sehr viel Geld, Luxus und Status begegnet sind. Wie gelingt es, in solch einem Umfeld nach christlichen Maßstäben zu handeln und zu verkaufen?

Viele Klischees habe ich gar nicht so erlebt. Die meisten Milliardäre oder Millionäre sind sehr freundliche, demütige und bodenständige Menschen. Sie haben ihre großen Imperien verantwortungsvoll mit Sorgfalt und Fleiß aufgebaut. Sie haben Familien und sorgen sich um ihre Lieben. Viele schrecken davor zurück, ihren Reichtum zu zeigen, und leben gern unbeobachtet. Ich habe mit vielen Kunden sehr tiefe Gespräche geführt – auch über Gott – und erstaunt festgestellt, dass sie nach christlichen Werten leben oder diese hochhalten.

Was ist grundsätzlich zu beachten, um eine Verhandlung – z. B. bei einem Verkaufsgespräch oder einer Gehaltsverhandlung – erfolgreich zum Abschluss zu bringen? Und ab wann ist eine Verhandlung überhaupt erfolgreich?

Verhandeln heißt zunächst, die Bedürfnisse seines Gegenübers zu verstehen. Ich konnte meistens dann erfolgreich verhandeln, wenn ich mir durch genaues Zuhören selbst sicher war, dass mein potenzieller Kunde braucht, was ich ihm anbiete. Beim Verkaufsgespräch ist es fast wie beim Tanzen: Man muss blitzschnell reagieren können, sich auf seinen Gesprächspartner einstellen und verstehen, wohin er schreitet – aber gleichzeitig die Freiheit besitzen, ihn ebenfalls in eine andere Richtung zu führen. Dieser Dialog und das Wahren des respektvollen Abstands sind extrem wichtig. Eine Verhandlung ist dann erfolgreich, wenn man innerlich fest ist, sein Ziel kennt und seinen Verhandlungspartner locken, verstehen und dann festnageln kann. Dabei darf man keine Angst haben zu verlieren, sonst knickt man ein.

Wie haben Sie sich auf ein Verkaufs- bzw. Verhandlungsgespräch vorbereitet?

Durch Recherchen, individuelle Flugroutenberechnungen und Gebet.

Was sind die drei wichtigsten Eigenschaften für Verhandlungssicherheit?

Die Vorteile des eigenen Produktes und das der Konkurrenz kennen, sein Gegenüber mit seinen Wünschen begreifen und ihm aufrichtig begegnen wollen sowie den Moment des möglichen Abschlusses erkennen und nutzen.

Wie gehen Sie mit einem Nein, einer Absage um?

Es mag in unterschiedlichen Branchen verschieden zugehen, aber in dieser Branche liegt die Herausforderung darin, ein echtes »Nein, danke – nerven Sie mich bitte nicht« zu unterscheiden von: »Nein, aber bitten senden Sie mir gern ab und zu weiter Ihre Informationen.« Manchmal heißt NEIN tatsächlich »Noch Eine Information Nötig« – manchmal nicht. Ansonsten verprellt man die Kunden.

Manchmal fällt es Frauen schwer, sich selbst zu vermarkten, weil sie Angst haben, eingebildet zu wirken. Wie können Frauen lernen, sich und ihre Leistungen so zu kommunizieren, dass sie sich wohl dabei fühlen?

Wenn man Angst vor diesem Feedback hat und Demut falsch versteht, verschiebt man seinen Fokus von Erfolg auf Selbstanalyse. Es geht bei der Selbstvermarktung um das gesunde Vertrauen in die eigenen Fähigkeiten, die Wirkungskraft und das Nach-vorne-Blicken. Wer auf sich herabschaut, verliert das Ziel und seine Kraft. Viele Frauen könnten es im Business sehr weit bringen, wenn sie das richtige Timing einer sinnvollen Selbstanalyse beachten würden. Sie gehört nicht auf die Rennbahn. Dort gilt es, gut vorbereitet zu laufen und nur in diese Richtung zu schauen.

Niedrige Gehaltsvorstellungen einer Frau können mangelnde Fähigkeiten suggerieren, weil sie so günstig zu haben ist. Hohe Gehaltsforderungen können auf eine schwierige Persönlichkeit schließen lassen. Was ist klug?
Es kommt auf die Rahmenbedingungen an. Grundsätzlich muss man zunächst seine Schmerzgrenze kennen und dann auch dazu stehen. Dass man dadurch schwierig wirkt, kann auch damit zusammenhängen, dass die entsprechende Firma ihre Vorstellung, wie viel sie einer Frau zahlen will, nicht aufgeben will. Und wenn die Frau nicht einknickt, ist sie eben schwierig. Ich habe die Erfahrung gemacht, dass es sich immer lohnt, für sein Gehalt zu kämpfen.

Momentan arbeiten Sie als selbstständige Verlegerin, Autorin und Designerin. Welche Wünsche haben Sie für diese Arbeit?
Ich illustriere und designe die Psalmen der Bibel. Damit möchte ich Menschen einladen, diese ewigen und heilsamen Worte, die wir und besonders die Wirtschaft in dieser Zeit dringend brauchen, auf sich wirken zu lassen. Ich ermutige besonders gern Unternehmer, die Psalmen zu lesen – denn Menschen mit göttlichem Rückgrat sind jetzt gefragt wie nie.

Erkenne dein Umfeld

Wenn du deinen neuen Job als Abteilungsleiterin antrittst oder den ersten Tag die Chefin deines eigenen Business bist, hat sich bereits vieles für dich verändert. Vielleicht bist du in eine andere Stadt gezogen – vielleicht hat sich lediglich dein Arbeitsweg verändert. Möglich, dass für dich alles beim Alten geblieben ist – die Firma, die Kollegen, dein Schreibtisch – und du lediglich eine neue Position ausfüllst. Möglich, dass alles neu geworden ist. Mit Sicherheit wird es sich am Anfang ungewohnt anfühlen. Vielleicht fühlst du dich überfordert, oder du merkst, dass deine neue Aufgabe viel mehr Komplexität und Verantwortung mit sich bringt, als du angenommen hattest. Dass du dir Schuhe in einer Größe bestellt hast, in die du noch hineinwachsen musst.

Aus eigener Erfahrung kann ich sagen: Das ist okay. Es muss sich nicht sofort gut anfühlen. Du darfst gnädig mit dir selbst sein. Du machst das alles zum ersten Mal! Es ist zugleich eine Kunst und eine Kraftanstrengung, diese Wachstums- und Veränderungsprozesse auszuhalten. Ein Neubeginn kann anstrengend sein – und es wird mit ziemlicher Sicherheit der Punkt kommen, an dem du dich fragen wirst, ob du wirklich die richtige Frau für diesen Job bist. Dann denkst du hoffentlich an meine Worte: Ja, du bist es! Und, meine Liebe: Es lohnt sich so sehr, durchzuhalten.

Wir behalten also im Hinterkopf, dass Veränderungen ein Teil deines Neustarts sein werden und Teil deines »Umfelds« sind. Warum es überhaupt wichtig ist, darüber nachzudenken? Weil dein Umfeld dich prägt – auch in der Art und Weise, wie du leitest. Dazu gehört unter anderem deine berufliche und private Ausgangssituation: Kommst du frisch von der Uni? Hattest du bereits erste Berufserfahrung? Oder steigst du nach einem Sabbatical wieder in die Arbeitswelt ein? Hast du Familienmitglieder, um die du dich kümmern musst – Kinder oder Eltern?

Erfährst du Unterstützung in deiner Leitungsposition durch Freunde, Familie, einen Partner – sei es bei der Kinderbetreuung oder im Haushalt? Pflegst du intensive Hobbys oder ehrenamtliches bzw. kirchliches Engagement? All das übt Einfluss auf dein Führungsverhalten aus – bewusst oder unbewusst. Die Vereinbarkeit von Familie und Beruf ist für viele Frauen wahrscheinlich der Punkt, der am meisten Kraft erfordert. In Kapitel 13 gibt es Raum, um tiefer in die Thematik und die verschiedenen Familien-Arbeits-Modelle einzusteigen.

Deine neue Position als Leiterin

Es mag sich überflüssig anhören, dennoch möchte ich erwähnen: Du bist nicht mehr die Praktikantin, die sich bei wichtigen Gesprächen dezent zurückzieht und die Kaffeetassen vom Konferenztisch abräumt. Du hast eine neue Position, die neue Verantwortungen mit sich bringt – was bedeutet, dass du mutig mit bisherigen Verhaltensweisen wie dieser brechen kannst. Gelernt habe ich diese Erkenntnis von Claudia Bandixen-Widmer. Sie war zehn Jahre lang Kirchenratspräsidentin im schweizerischen Aargau und sprach in einem Interview im Magazin »Insist«[53] über Frauen und Macht: »Als ich als Präsidentin in der Landeskirche Aargau angefangen habe, fühlte ich mich moralisch verpflichtet, mit den Sekretärinnen zusammen nach Sitzungen, die ich geleitet hatte, aufzuräumen. Ein Mann hingegen leitet die Sitzung und geht unbeschwert, und ohne sich etwas dabei zu denken, nach Hause.« Natürlich darf man hier nicht auf der anderen Seite vom Pferd fallen und der Arroganz und Überheblichkeit Raum geben. Ich bin dankbar, Vorgesetzte in meinem Leben zu haben, die mir eine dienende Haltung

---

53 Dorothea Gebauer: »Von der Macht der Vision und der Kraft, sie umzusetzen«, Magazin Insist, 1/2019, www.each.ch/wp-content/uploads/2019/02/MAG_19_1_Macht.pdf (letzter Zugriff am 08.02.2021).

vorleben und sich für so manche Aufgabe nicht zu fein sind. Sofern du Kaffee kochst, den Tisch abräumst oder das Protokoll schreibst, weil du es gern machst – und nicht nur, weil du dich als Frau dazu verpflichtet fühlst bzw. es von dir selbstverständlich erwartet wird –, dann go for it!

Wann Entscheidungen getroffen werden

Eine Story auf Instagram zeigte kleinere Grüppchen in Cafés und rauchend vor einem Bürokomplex. Erst bei genauerem Hinsehen fiel mir auf: keine einzige Frau dabei. Die Schweizer Initiative #Frauenmacht hielt mir damit vor Augen, dass offizielle Meetings das eine sind – die wichtigen Entscheidungen aber werden meistens in der Pause dazwischen oder danach besprochen. Dann, wenn Frauen oft nicht dabei sind. Als Berufsanfängerin, deren letztes unbezahltes Praktikum nicht allzu lange zurücklag, musste ich mich umgewöhnen: Ich muss nicht mehr weghören. Nicht mehr diskret den Raum verlassen, wenn es ums Geld geht. Sondern dabeibleiben, selbst wenn es nur indirekt meinen Wirkungskreis betrifft. Wenn wir solche Situationen meiden, kann es sein, dass wir uns um wertvolle Informationen oder unser Standing bringen. Wie eine Zusammenarbeit in einem männlich dominierten Team gelingen kann, erklärt die Wirtschaftsingenieurin Tabea Kunze in Kapitel 14.

In deine neue Rolle hineinzufinden, bedeutet auch dir klarzuwerden, wie du dich als Leiterin siehst und wie du mit deinem Team umgehen willst. Gelernt habe ich das in meinen ersten zwei Jahren als Marketing-Managerin. Mein damaliger direkter Vorgesetzter war nur ein paar Jahre älter als ich. Die Zusammenarbeit war ein wirkliches Miteinander ohne Ich-Chef-du-nix-Gefälle auf respektvoller Augenhöhe. Von ihm durfte ich lernen, wie es gelingen kann, freundschaftlich-humorvoll zu führen und gleichzeitig eine professionelle Distanz zu wahren.

Er hat mich in alle Themenbereiche eingeführt, sein Wissen bereitwillig mit mir geteilt und mich jede anfallende Aufgabe mindestens einmal erledigen lassen. Für sein Vertrauen in mich und die Wertschätzung meiner Leistungen, seine Ermutigung und die harten, aber nötigen Korrekturen werde ich ihm immer dankbar sein. Nun hoffe ich, dass es mir als Leiterin ebenfalls gelingt, in meine Mitarbeitenden zu investieren, ihnen auf Augenhöhe zu begegnen und durch Feedback die Möglichkeit zu geben, stetig besser zu werden. Meiner Erfahrung nach entgeht man auf diese Weise auch der Gefahr, zu tief ins Alltagsgeschäft einzugreifen oder unkluge Entscheidungen zu treffen, die lediglich die eigene Position festigen sollen. Im Interview mit der Psychologin Birgit Troschel in Kapitel 4 klang bereits an, dass nicht jedes Team die gleiche Führung braucht. Manchmal sind lediglich Moderation und Nahbarkeit gefragt, manchmal engere Vorgaben. Die große Kunst ist es, herauszufinden, wie du deine Führungskompetenz im jeweiligen Team am besten einsetzt. Jeder ist irgendwie ersetzbar. Ich glaube: Wenn gute Leitung und Empowerment mich als Leiterin ersetzbar machen, dann habe ich alles richtig gemacht.

Unternehmenskultur kennenlernen

Ein weiterer Punkt deines Umfeldes, der deine Leitungstätigkeit prägen wird, ist das Unternehmen, in dem du arbeitest, und die (Arbeits-) Kultur, die dort gelebt wird. Frühzeitig zu klären, was von dir als Leiterin unternehmensintern und von Vorgesetzten erwartet wird, erspart unangenehme Überraschungen, Frust und unerfüllte Erwartungen auf beiden Seiten. Unterstützt das Unternehmen seine Mitarbeitenden in einer gesunden Work-Life-Balance? Manche Firmen fördern beispielsweise sportliche Betätigung, indem sie Zuzahlungen für Fitnessstudios anbieten oder Vorkehrungen treffen, damit Mitarbeitende vermehrt mit dem Rad zur Arbeit fahren. Wird darauf geachtet, dass Pausenzeiten eingehalten werden und der Urlaub bis zum Jahresende aufgebraucht wird? Kann dieser störungsfrei genommen werden oder wird ständige Erreichbarkeit gefordert bzw. unausgesprochen erwartet? Sind Überstunden von Führungskräften vertraglich eingeplant, werden sie vom Führungskader vorausgesetzt oder gibt es die Möglichkeit der Auszahlung oder des Freizeitausgleichs? Ist es in deinem Unternehmen möglich, auch mit einem reduzierten Zeitkontingent zu leiten? Unter Umständen wäre es sinnvoll, ein Bewusstsein dafür zu schaffen, warum eine reduzierte Arbeitszeit auch für Führungskräfte möglich sein sollte und welche Vorteile sich daraus für das Unternehmen ergeben könnten. Was für eine großartige Sache wäre es doch, wenn auch Führungspositionen in flexibleren Arbeitsmodellen möglich wären. Das würde nicht nur die Vereinbarkeit von Familie und Beruf für viele Frauen erleichtern, sondern auch dazu führen, dass Unternehmen in Sachen Vielfalt, Flexibilität und New Work neue Akzente setzen könnten.

New Work: Neue Lebens- und Arbeitsmodelle

Jobsharing, flexible Teilzeit-Modelle, Homeoffice, Remote Work (gänzlich ohne Präsenzzeiten im Büro), die Vier-Tage-Woche, Sabbaticals oder unbegrenzter Urlaub sind nur ein paar Beispiele[54] der beginnenden Ära von »New Work«. Diese neuen Modelle benötigen auch eine neue Führung – sogenanntes »New Leadership«. Die Bedeutung von räumlicher Nähe, festen Arbeitszeiten und klassischen Organisationsstrukturen sinkt – stattdessen treten an ihre Stelle Flexibilität, Offenheit und Vertrauen. Für Unternehmer Ibrahim Evsan bedeutet New Work, ein »innovatives und wertorientiertes Arbeitsumfeld zu

---

54 Annika Gelpke: New Work: 8 flexible Arbeitsmodelle und ihre Vorteile, Squared Online, 2018, www.wearesquared.de/blog/8-flexible-arbeitsmodelle-was-sind-die-vorteile (letzter Zugriff am 08.02.2021).

schaffen. Zusammenarbeit, Gemeinschaft, Nachhaltigkeit, Offenheit und Zugänglichkeit sind somit Basics für New Leadership. Denn moderne Führung ist Beziehungsmanagement«[55]. Und das bringt einen Aufgabenwechsel mit sich: Wo vorher Führungskräfte vor allem Entscheider und Verantwortungsträger waren, geht die Tendenz hin zur Aufteilung von Verantwortlichkeiten, zu Empowerment und Befähigung von Mitarbeitenden, zur Förderung von emotionaler Intelligenz.[56] »Leadership wird in Zukunft nicht mehr so sehr bedeuten, alle wichtigen Entscheidungen zu treffen und immer stark zu sein, sondern vielmehr, ein Team aufzubauen und Menschen zu befähigen«,[57] sagt im Interview von »Neue Narrative« auch Mounira Latrache, die mehrere Jahre in Führungspositionen bei Google gearbeitet hat und sich heute mit achtsamer Führung beschäftigt. Das Wirtschaftsmagazin »Neue Narrative« hat diesem Thema ein ganzes Heft gewidmet (Nr. 3: »Fühlen ist das neue Führen«) und fasst es in acht bedenkenswerten Punkten zusammen.[58]

1. »Führung ist weiterhin nötig«: Auch wenn sich das Verständnis von Führung ändert und Teams autonomer arbeiten, braucht es doch jemanden, der alles zusammenhält.
2. »Rollen sind der neue Chef«: Führung wird auf verschiedene Rollen wie Visionärin oder Coach aufgeteilt.
3. »Vom Helden zum Ermöglicher«: Wer dienend leitet, begegnet dem Team auf Augenhöhe und ist sich fürs Anpacken nicht zu schade.

---

55 Ibrahim Evsan: Was ist New Work? New Work, 2020, www.newworkblog.de/new-work/ (letzter Zugriff am 20.02.2021).

56 Vgl. Jenny Podewils: »Wenn deine Chefin dein Coach ist«, Neue Narrative Nr. 3, S. 78–82.

57 Sebastian Klein: »Compassionate Leadership – mit Achtsamkeit und emotionaler Intelligenz die Teams der Zukunft führen«, Neue Narrative Nr. 3, S. 68–71.

58 »Check-Out: Führen und Fühlen trennt nur ein Buchstabe«, Neue Narrative Nr. 3, S. 130–132.

4. »Führung ist undankbar«: Denn sie lässt – mit zunehmendem Bedarf an Ermöglichern und Ermöglicherinnen – keinen Raum für große Egos.
5. »Führungskräfte sind ersetzbar«: Die Leistung einer Organisation hängt nicht mehr nur von der Leiterin ab und der Druck auf sie reduziert sich.
6. »Führen hat viel mit Fühlen zu tun«: Wer führt, braucht nicht nur einen Kopf für Zahlen und Ziele, sondern auch ein Herz.
7. »Feminine Qualitäten sind gefragt«: Frauen werden in Führungsetagen zu finden sein, ebenso wie klassisch weibliche Attribute – bei beiden Geschlechtern.
8. »Führen lässt sich lernen«.

Bloom where you are planted

Unabhängig von all diesen Faktoren, die dein Umfeld und dein Führen prägen: Du darfst nun an dem Platz blühen, an dem du (neu) eingepflanzt wurdest. Egal, wie schwer der Anfang ist: Halte den anfänglichen Schmerz aus, den ein Neubeginn mit sich bringt, anstatt wieder zurück in die bekannte Sicherheit der Vergangenheit zu flüchten. Du wirst mit deiner Art zu leiten, mit deiner Weiblichkeit und deinem Sein einen Unterschied in deinem Unternehmen bewirken. Es wird Zeiten geben, die sich wie eine Wanderung durch die Wüste anfühlen werden. In diesen anstrengenden Wüstenzeiten ist der Weg beschwerlich, erfrischende Pausen sind Mangelware.

Mit der richtigen Einstellung lässt sich aber sogar auf diesem Weg etwas lernen. Vielleicht erkennst du in diesem Prozess aber auch, dass unternehmerisches Führen für dich gerade nicht dran ist oder sich alles – in einem überfordernden Sinne – überwältigend anfühlt. Fühlst du dich wie in einem Hamsterrad der Verpflichtungen, kannst du entweder aktiv an einer Stellschraube drehen (Arbeitszeiten reduzieren, einen anderen Job mit weniger Verantwortung suchen, bisherige Aufgaben delegieren bzw. ganz sein lassen) oder zumindest deinen Blickwinkel verändern: auf das viele Gute in deinem Leben und auf die Menschen, die deine Leitung momentan dringender benötigen: Familie, Freunde, Ehrenamt. »Alles hat seine Zeit«, steht schon in der Bibel (Prediger 3). Und jede Zeit bereitet dich auf eine andere vor.

TEIL 2:

ERKENNE DEIN UMFELD

»Wir müssen die Verantwortung für Kindererziehung und andere Familienpflichten nicht nur bei den Frauen suchen, sondern auch bei den Männern.«

13

SPANNUNGSFELD FAMILIE UND BERUF

Du machst ja jetzt Karriere«, bescheinigen mir meine Jugendfreunde regelmäßig, wenn ich auf Stippvisite in meiner Heimat bin – einem hübschen und weitläufigen, aber dünn besiedelten Landstrich in Sachsen-Anhalt, den die Autorin Sybille Sperling liebevoll »in the middle of Nüscht« verortet. Während also die ersten Kinder meiner Freunde die Grundschule bald beenden, frage ich mich, ob ich irgendwo falsch abgebogen bin. Während sie Hefte für das nächste Schuljahr kaufen, Elternabende bestreiten und das Eigenheim in Schuss halten, hantiere ich beruflich mit Budgets im sechsstelligen Bereich. So manches Mal frage ich mich: Stimmt etwas mit mir nicht, wenn ich gerne arbeite und beides haben will – Familie und ein Berufsleben, in dem ich Verantwortung übernehmen kann? Wie lässt sich beides unter einen Hut bringen, ohne mich zerrissen zu fühlen? Wie sehen die Gestaltungsmöglichkeiten aus, um das Spannungsfeld für alle Beteiligten zufriedenstellend zu meistern? Fragen, die viele Frauen umtreiben. Oft scheint der Wegweiser nur in eine Richtung zu zeigen: entweder Kinder oder Karriere. Wer einen Weg sucht, der beides verbindet, muss dafür auch heutzutage oft noch große Anstrengungen und manchmal auch Unverständnis in Kauf nehmen.

Familienplanung früher und heute

Bis vor drei Jahrzehnten gab es in Deutschland zwei vorherrschende Systeme, bedingt durch die politischen Verhältnisse: »Kind, Küche und Karriere« für berufstätige Mütter in der DDR und »Kind und Küche ohne Karriere« für Hausfrauen in der BRD. Von Frauen in der ehemaligen DDR wurde erwartet, spätestens nach der einjährigen Mutterschaftspause wieder arbeiten zu gehen und in den Arbeitsmarkt eingegliedert zu werden. Sie mussten Vollzeit-Berufstätigkeit und Kinder balancieren – während ihnen höhere Führungspositionen in der Regel trotzdem verwehrt blieben. Frauen in der BRD blieben vornehmlich zu Hause, um sich um Kinder und Erziehung zu kümmern. Bis Ende der 1970er-Jahre musste der Ehemann noch seine Einwilligung zur Berufstätigkeit seiner Frau geben – was er tat, sofern sie ihre häuslichen Pflichten nicht vernachlässigte.[59] Seit der deutschen Markteinführung der Anti-Babypille vor 60 Jahren sowie der Einführung der Elternzeit (damals noch »Mutterschaftsurlaub«), die seit 2007 auch Vätern zusteht, hat sich die Familienplanung in Deutschland radikal verändert und eine gesellschaftliche Revolution in Gang gesetzt. Deswegen dürfen und müssen Frauen sich heute die Frage stellen, wie sie Familie, Arbeit und Führungsverantwortung miteinander in Einklang bringen können.

In der Schweiz sieht die politische Lage ganz anders aus: Während in anderen europäischen Ländern den Familien eine Elternzeit von mindestens 40 Wochen zusteht, sind in der Schweiz für Mütter lediglich 14 Wochen bezahlter »Mutterschaftsurlaub« vorgesehen, für Väter sogar nur zwei Wochen – und das auch erst seit 2020.[60]

---

59 Christian Sepp: Frauenrechte in BRD und DDR, BR Bayern 2, 2019, www.br.de/radio/bayern2/sendungen/radiowissen/geschichte/frauenrechte-emanzipation-brd-ddr-100.html (letzter Zugriff am 08.02.2021).

60 Der Bundesrat, Schweizerische Eidgenossenschaft: Erläuterungen des Bun-

Auch für Väter wird die Frage nach der Vereinbarkeit von Familie und Beruf immer wichtiger. In Deutschland setzt ein erstes Umdenken ein. Allerdings waren 2019 immer noch nur 2,6 Prozent der Väter mit Kindern unter drei Jahren in Elternzeit[61] – und nahmen dann meist nur die zwei »Vätermonate«, mit denen sich das Elterngeld pro Kind auf 14 Monate verlängern lässt.[62] Dass es auch für Männer in Führungspositionen nicht immer einfach ist, ihre wöchentliche Stundenanzahl zu reduzieren oder eine längere Elternzeit zu nehmen, signalisieren Berichte von Vätern, die dies mit dem Verlust ihres Jobs oder der Führungsposition bezahlt haben. Ihnen gegenüber stehen mittlerweile zum Glück auch genügend positive Beispiele von Männern aus Führungsetagen, denen die längere Familienauszeit gelingt.

Zwischen Familienplanung und Karrierewunsch

Eine Freundin berichtete mir von ihrer Erfahrung, dass sie in ihrer Firma für Leitungspositionen gar nicht mehr in Erwägung gezogen werde, seitdem sie Mutter ist und in Teilzeit arbeitet. Dabei leitet ihr Mann in derselben (!) Arbeitszeit eine Abteilung mit Personalverantwortung! Damit musste sich sein Arbeitgeber zwar auch arrangieren, machte es aber möglich.

Wie hochproblematisch ein Wechsel in Teilzeit ist, hat der britische Bildungsforscher Tom Schuller untersucht. Mütter

---

desrates. Volksabstimmung vom 27.09.2020, www.admin.ch/gov/de/start/dokumentation/abstimmungen/20200927/aenderung-des-erwerbsersatzgesetzes.html (letzter Zugriff am 21.02.2021).

61 Destatis: Personen in Elternzeit, Statistisches Bundesamt, 2019, www.destatis.de/DE/Themen/Arbeit/Arbeitsmarkt/Qualitaet-Arbeit/Dimension-3/elternzeit.html (letzter Zugriff am 22.02.2021).

62 Katja Joho: Wo Väter am längsten Elternzeit nehmen, Wirtschaftswoche, 2019, www.wiwo.de/erfolg/trends/mehr-als-nur-vaetermonate-wo-vaeter-am-laengsten-elternzeit-nehmen/25269732.html (letzter Zugriff am 09.02.2021).

müssten sich regelrecht dafür rechtfertigen, ihre Arbeitszeit zu reduzieren, sei es aus bewusster Entscheidung oder wegen fehlender Kita-Plätze. Die Teilzeitanstellung sei für die berufliche Weiterentwicklung eine noch größere Hürde als die familiäre Veränderung: »Wohin die Karriere einer Frau steuert, wird nicht zuerst davon bestimmt, ob sie Kinder hat, sondern ob sie in Teilzeit arbeitet.« Frauen würden beinahe unsichtbar in Unternehmen, wenn es um das berufliche Vorankommen gehe, selbst wenn sie noch drei Tage arbeiteten. »Man unterstellt ihnen, sich nicht mehr im selben Maße für ihren Job einzusetzen, und zieht sie nicht mehr ernsthaft für eine Beförderung in Betracht«, hat Schuller beobachtet.Für beide, für Männer wie für Frauen, sollten deshalb Karrieren in Teilzeit gefördert werden: »Es geht nicht darum, mehr Raum für Frauen zu schaffen, sondern Frauen zu ermöglichen, ihre Kompetenzen einzusetzen – zum Wohle aller.«[63]

Arbeitgeber und Arbeitgeberinnen, die auch in der Zukunft für Mütter relevant bleiben wollen, sollten deren Potenzial nicht ungenutzt lassen. Denn wer ein oder mehrere (Klein-)Kinder innerhalb einer Familie managen kann, ist möglicherweise sogar eine optimale Führungskraft. Wird das nicht erkannt, ist für so manche Mutter der Schritt in die (nebenberufliche) Selbstständigkeit eine logische Konsequenz: Sie lässt genug Flexibilität neben Kinderbetreuung und anderer Familienarbeit und ermöglicht gleichzeitig Führungsverantwortung.

---

63 Tom Schuller: The Paula Principle: why part-time work holds women back, 16.01.2014, www.theguardian.com/women-in-leadership/2014/jan/16/paula-principle-part-time-holding-women-back (letzter Zugriff am 22.02.2021).

Verständnis statt Verurteilung

Egal, für welches Modell sich Frauen entscheiden: Vielerorts erfahren sie dafür kein Verständnis, sondern Verurteilung. Irgendjemand jammert immer. Arbeitende Frauen werden – häufig von Frauen ohne Kinder(wunsch) – gefragt, wieso sie »schon wieder« arbeiten gehen und wie sie es aushalten könnten, ihre Kinder fremdbetreuen zu lassen. Frauen werden bereits während der Elternzeit gefragt, wann sie mal wieder »was Richtiges arbeiten« wollen, »damit sich das Studium auch gelohnt hat«. Frauen, deren Mann eine längere Elternzeit nimmt, müssen sich fragen lassen, wie sie der Karriere ihres Mannes diesen Knick antun können. Frauen ohne Kinder wird Karrieregeilheit und Egoismus vorgeworfen. Frauen, die beides wollen – Karriere und Kinder – werden als Rabenmütter dargestellt, die durch zu frühe Fremdbetreuung schon vorsorglich für spätere Traumata ihrer Kinder verantwortlich gemacht werden. Die Liste ließe sich endlos fortsetzen. Das Verrückteste: Unverständnis erhalten Frauen vor allem von anderen Frauen.

Wir müssen aufhören, Frauen für die Wahl ihres Lebenskonzeptes zu verurteilen. Und wir müssen die Verantwortung für Kindererziehung und andere Familienpflichten nicht nur bei den Frauen suchen, sondern auch bei den Männern! Ich wünsche mir zutiefst ein neues Mindset im Umgang miteinander und Respekt vor der Entscheidung der anderen. Denn es gibt Gründe, die Außenstehende niemals verstehen werden oder wissen können. Lasst uns viel mehr eine unterstützende Sisterhood sein, die einem Lebensmodell nicht seine Berechtigung abspricht – nur weil wir es selbst anders machen würden. Es gibt kein per se richtiges oder falsches Lebens- und Arbeitsmodell: Für jede Frau, jeden Mann, jedes Paar, jedes Kind und jede Familie gelten andere Voraussetzungen. Jedes Modell hat seine Stärken und Schwächen, mit denen Paare und Familien individuell umgehen müssen.

Um aufzuzeigen, welche unterschiedlichen Erfahrungen Frauen mit ihrem gewählten Lebens- und Familienmodell machen, habe ich exemplarisch zwei Lebens- und Arbeitsmodelle herausgegriffen und befragt: »die Familienmanagerin« und »die Gleichberechtigte«.

Die Familienmanagerin

KATY GODINA (54) hat Beratungspsychologie (M.Sc.) studiert und arbeitet als Beratungspsychologin, Autonomietrainerin und Bibelstudienbegleiterin. Gemeinsam mit ihrem Mann hat sie eine erwachsene Tochter.

Für welches Familien- und Arbeitsmodell habt ihr euch damals entschieden, als ihr eure Tochter bekamt?

Wir haben uns von Anfang an für ein traditionelles Familiensystem entschieden. Mit der Ergänzung, dass ich meinen Mann in seiner Arbeit als Pastor aktiv unterstütze. Das habe ich bis jetzt auch alle dreißig Ehejahre getan. Für den Fall, dass wir Kinder bekommen sollten, war verabredet, dass ich zu Hause als Familienmanagerin arbeiten sollte.

Habt ihr diese Entscheidung regelmäßig überprüft, ob sie noch zu euch und eurer Familie passt?

Ja. Wir haben in den ersten vier Jahren zusammen Gemeindearbeit betrieben, aber nach einem Jahr fühlte ich – besonders von außen – die Erwartung, dass ich darüber hinaus noch arbeite oder studiere. Vor der Heirat hatte ich drei Trimester Theologie studiert, jetzt begann ich meine Wunschfächer Geschichte, Germanistik und Psychologie zu studieren. Als ich schwanger wurde, blieb ich bei unserer Tochter, bis sie zur Schule kam und ich mein Studium halbtags fortsetzte. Schließlich habe ich einen Master in Beratungspsychologie gemacht. Immer wieder war es vor allem für mich ein Überprüfen, ob ich mit meiner Situation zufrieden war. Da ich von Anfang an in Blockveranstaltungen eine zusätzliche Seelsorgeausbildung machen konnte und wir inhaltlich in Bezug auf die Arbeit meines Mannes beständig im Austausch waren, fehlte mir kein intellektueller Input oder Austausch.

Du hast all die Jahre also zu einer Hälfte die Familie und den Haushalt gemanagt und zur anderen Hälfte studiert oder in der Beratung und Seelsorge gearbeitet. Ging das immer so locker?

Einige Jahre lang hatte mein Mann eine äußerst belastende Phase mit einer anspruchsvollen Aufgabe und dem Verfassen seiner Dissertation. In der Zeit musste ich sehr vieles allein schaffen. Meine eigenen Studien und Aufgaben waren da in Wahrheit ein zu großes Pensum. Das wollte ich damals nicht wahrhaben – die Folge war ein Burn-out. Den Preis dafür mussten wir zahlen und bis heute merke ich Einschränkungen, wenn es zu anstrengend für mich wird. Im Rückblick sind die Jahre so verlaufen, wie ich es anfangs auch vermutet hatte: Ich habe mein Leben um das Leben meiner Familie »herumgebastelt«. Das könnte für manche bitter klingen, aus meiner Perspektive ist es der Dienst für andere, den ich wollte. Ich bewerte das selbst als positiv, auch wenn manches schwer war.

Wie hat euer Umfeld auf euer Familien- und Arbeitsmodell reagiert?

Wir haben schon viel Unverständnis ausgehalten. Viele um uns herum haben gar nicht verstanden, dass wir unsere Prioritäten vor allem bei unserem Kind und bei unserer Weiterbildung setzten, anstatt wirtschaftliches Vorankommen anzustreben. Manchmal hatte ich das Gefühl, dass selbst Freunde und Familienangehörige mich als eine Frau betrachteten, die sich ein gemütliches Leben macht. Das hat mich verletzt und wurde meiner äußerst anstrengenden Lebenssituation gar nicht gerecht. Aber wer kann schon wirklich beurteilen, wie das Leben der anderen ist?

Vor welchen konkreten Herausforderungen stehen berufstätige Frauen mit Kindern?

Die Herausforderungen sind sehr vielfältig. Je nach Persönlichkeit wird sich eine Frau selbst schnell hinterfragen, ob sie ihre Themenfelder auch gut bewältigt. Ein schlechtes Gewissen den Kindern gegenüber ist schwer auszuhalten. Aber auch ein intellektuelles Gebremstsein ist unbefriedigend. Viel hängt von der Unterstützung des Partners oder der Familie und der Freunde ab. Im Alltag werden Frauen auf organisatorische Fähigkeiten und praktische Hilfestellungen angewiesen sein. Kindergartenplätze, außerschulische Betreuung, Dienstzeiten etc. gilt es zu managen und zu koordinieren.

Kann man deiner Erfahrung nach mit einer reduzierten Stundenzahl leiten und effektiv ein Team oder Unternehmen führen?

Ich glaube ja. Hier spielt die Kommunikationsfähigkeit eine enorm große Rolle und die Persönlichkeit der Frau. Ist sie eine Führungsperson, so kann es durchaus klappen – sofern die Akzeptanz dafür im Team vorhanden ist.

Was kann man gegen das schlechte Gewissen tun und gegen das Gefühl, sich zwischen Familie und Beruf aufzureiben?

Es braucht hierfür vor allem eins: Gedankenarbeit. Sich gründlich mit den eigenen Prioritäten auseinandersetzen und diese auch immer neu hinterfragen und justieren. Eine wichtige Grundfrage ist: Strebe ich Karriere an, weil andere es von mir erwarten oder weil es mein Lebensziel ist? Wenn ich die Freiheit habe, auch Nein zu Karriere und Co. zu sagen, dann stimmt das Gleichgewicht. Habe ich diese Freiheit nicht, dann kann ich mich fragen, wie ich Familie und Job so in Einklang bringen kann, dass ich zufrieden damit sein werde. Außerdem ist das auch eine Sache zwischen den Partnern: Stehen beide zum Lebenskonzept, wird es leichter sein, sich gegenseitig zu unterstützen. Ansonsten braucht es immer wieder die Fähigkeit und Bereitschaft, darüber nachzudenken, ob das Konzept noch für alle stimmig ist. Es anzupassen und Lösungen zu finden. Denn manchmal merken wir ja erst unterwegs, dass etwas anderes doch schöner, passender und erfüllender wäre.

Eine Gefahr sehe ich eher darin, dass Frauen ihr schlechtes Gewissen gar nicht zulassen dürfen. Über diese Frage wird wenig geredet. Aber ein ehrlicher Austausch mit dem Partner und anderen, die ähnliche Situationen erleben, könnte helfen. Wenn die Kinder groß genug sind, sollte man auch bei ihnen nachfragen, wie sie die Situation erleben.

Die Partnerschaftliche

DEBORA ALDER-GASSER (36) hat Betriebswirtschaftslehre und Internationales Management in Luzern, Basel und Olten (Schweiz) studiert. Zehn Jahre arbeitete sie als Abteilungsleiterin in der Vineyard Bern, einer kirchlichen Gemeinschaft, heute ist sie bei einem Kinderhilfswerk in der Koordination der Großspender tätig. Ihr Mann hat ein eigenes Treuhandunternehmen. Nebenbei besitzen sie zwei weitere Unternehmen. Mit ihren zwei Töchtern im Alter von fünf und drei Jahren wohnen sie in Bern.

Welches Familien- und Arbeitsmodell lebt ihr?

Beruflich arbeiten wir beide jeweils zu mindestens 60 Prozent. Daneben haben wir noch zwei weitere Unternehmen. Das eine heißt »Aldernativ« und vertreibt nachhaltige Smartphones in der Schweiz. Und die andere Firma ist »TEIL.style«, die wir im Mai 2020 lanciert haben. Ein Laden, in dem man Kleider leiht und nicht kauft, um einen nachhaltigen Konsum zu fördern. Daneben bin ich in verschiedenen Vorstandsarbeiten aktiv und stehe für diverse Moderationen und Referatsaufträge zur Verfügung. Wir führen ein gut gefülltes Leben. Die Arbeit mit unseren beiden Töchtern teilen wir uns völlig auf. Wenn wir arbeiten, werden die Kinder einen Tag pro Woche von anderen betreut. Den Rest können wir selbst sehr gut abdecken.

Warum habt ihr euch für diesen Weg entschieden?

Ich habe schon immer eine Berufung zu führen auf meinem Leben gespürt – auch außerhalb der Familie. Deshalb war für mich schon vor der Hochzeit klar, dass ich mit Kindern nicht zu Hause bleiben möchte. Das habe ich meinem Mann bei unserem ersten Date auch genauso mitgeteilt. Zugegebenermaßen damals auch aus der Hoffnung heraus, dass er merkt, dass wir nicht miteinander kompatibel sind ... Er hatte mir nämlich zuvor – für mich sehr überraschend – seine Liebe gestanden, die ich zu diesem Zeitpunkt noch nicht erwidert habe. Wir beide haben dann doch zueinandergefunden, aber meine Vorstellungen zur Familien- und Lebensplanung hatte ich von Anfang an klar geäußert. Wenn es nach ihm gegangen wäre, hätte er sich auch vorstellen können, 80 Prozent zu arbeiten und einen Tag in der Woche zu Hause zu investieren. Aber für mich war klar: Ich möchte ein partnerschaftliches Modell. Das bedeutet nicht nur, dass wir beide Geld verdienen, sondern auch, dass zu Hause alles partnerschaftlich abläuft – in jedem Aspekt.

War das eine große Umstellung für deinen Mann? Musstest du viel Überzeugungsarbeit leisten?

Nein, er ist ein Mann, der es durchzieht, wenn er zu etwas Ja sagt. Und er zieht das so was von durch! Er wollte ein gleichwertiger Partner sein – und ich wollte ihn zu einem gleichwertigen Partner machen. Es gibt bei uns keine Hoheitsgebiete für bestimmte Bereiche. Das bedeutet auch, dass wir uns dafür entschieden haben: Wenn er für die Kinder verantwortlich ist, darf er es so machen, wie er es will – und ich darf es so machen, wie ich will. Wir machen die Dinge teilweise so anders, dass die Kinder mittlerweile sehr flexibel geworden sind. Die Andersartigkeit ist eine schöne Ergänzung, das tut den Kindern sehr gut – auch, dass ihr Vater so präsent ist und er eine gute Beziehung zu ihnen hat. Gerade deshalb sollte er nicht einfach mein Assistent sein, der alles in meinem Sinne weiterführt, wenn ich nicht zu Hause bin. Und das ist eine sehr wichtige Entscheidung, an der viele Paare scheitern. Mit wenigen Ausnahmen konnte ich das auch gut zulassen. Ich glaube, das ist eine wichtige Entscheidung, damit dieses partnerschaftliche Projekt funktioniert. Dass wir beide mitgestalten und mitdenken, ist ein wesentlicher Faktor dafür, dass es erfolgreich funktioniert.

Oft heißt es, dass mit Kindern alles anders wird und man als Frau dann gar nicht mehr arbeiten, geschweige denn führen will … Hat sich bei dir etwas verändert?

Das habe ich damals auch gehört. Und das war für mich eine große Herausforderung. Auf der einen Seite wollte ich mir diesen Ratschlag zu Herzen nehmen und dieser Möglichkeit Raum geben. Denn ich wusste ja nicht genau, was die Mutterschaft mit mir macht. Ich wusste zwar, dass Berufung nicht von einer Rolle oder einer Position abhängig ist, aber gleichzeitig spürte ich, dass diese Leiterschaft eine Berufung auf meinem Leben ist.

Die Kinder und das Muttersein haben an meiner Einstellung nichts verändert. Ich möchte eher, dass unsere Kinder aufwachsen und sehen, dass es sich lohnt, Verantwortung zu übernehmen. Wir wollen gemeinsam diese Welt verändern – das möchte ich ihnen von Anfang an mitgeben. Ich bin jedenfalls so aufgewachsen und dieses Vorbild hat mich geprägt. Ich möchte gleichzeitig auch offen sein dafür, dass man sehr unterschiedlich leben kann. Und dass wir einander in der Unterschiedlichkeit und auch in den unterschiedlichen Entscheidungen, die wir treffen, feiern.

Habt ihr für dieses Modell von außen eher Verständnis oder Unverständnis erhalten?

Direktes Unverständnis haben wir eigentlich keins erfahren. Aber an Bemerkungen wie »Oh, du arbeitest aber viel« merke ich schon, dass es noch gar nicht als normal angesehen wird. Das ist natürlich nicht böse gemeint – aber meinem Mann würde das niemand sagen! Grundsätzlich finden die Leute das partnerschaftliche Modell attraktiv und faszinierend, weil es in der Realität oft doch kaum vorkommt. Da arbeiten Frauen zwar zunehmend, tragen aber auch noch die ganze Last zu Hause auf den Schultern. Ein Paar hat sich aufgrund unseres Beispiels noch mal ganz neu aufgestellt und ihr Arbeits- und Familienleben neu geordnet.

Wie entscheidet ihr im konkreten Fall, wer sich beispielsweise um ein krank gewordenes Kind kümmert? Wie stellt ihr sicher, dass es gerecht aufgeteilt wird?
Wir stellen uns die Frage nicht immer, ob es gerecht aufgeteilt ist oder nicht. Vielleicht ist das auch ein Schlüssel zum Erfolg für uns. Wir wollen keine Strichliste führen – wenn jemand von uns das Gefühl hat, zu überlastet zu sein, reden wir darüber. Im konkreten Fall, dass ein Kind krank wäre, ist die Person zuständig, die gerade zu Hause ist. Wenn beispielsweise die Nanny ausfällt, suchen wir gemeinsam nach einer Lösung – je nachdem, wer fixe Termine hat oder es sich einfacher einrichten kann – aber keinesfalls bin ich als Mutter automatisch zuständig.

Hast du erlebt, dass Kinder gerade auch im Hinblick auf Beförderungen zum Nachteil werden? Wie nimmst du das grundsätzlich wahr?
Ich persönlich habe nie erlebt, dass Kinder zu einem Hinderungsgrund geworden wären. Im Moment stehe ich vor einem beruflichen Wechsel – davor habe ich zehn Jahre in der Vineyard Bern gearbeitet. Als ich angefragt wurde, dort Bereichsleiterin zu werden, war ich bereits schwanger. Ich kam auch in die Geschäftsleitung – schwanger und dann später mit Baby. Ich weiß, dass das auch im kirchlichen Umfeld nicht selbstverständlich ist. Ich nehme allerdings auch wahr, dass sich Frauen mit Kindern eher zurückziehen, statt bewusst für sich und ihre Bedürfnisse einzustehen. Sobald man Kinder hat, braucht es sehr be-

wusste Entscheidungen. Auch für unser Lebensmodell musste ich mich bewusst entscheiden, denn es kostet mich etwas. Mein Mann und ich leben beide in einem großen Spannungsfeld: beruflich, zu Hause mit zwei kleinen Kindern und mit unseren diversen anderen Aktivitäten. Es ist eine Bereicherung, dass wir die Situation des anderen sehr gut nachvollziehen können, weil wir beide in der gleichen Situation stecken.

Was sollte sich verändern?

Es braucht nicht nur von Eltern bewusste Grundentscheidungen, sondern auch vom Arbeitgeber – denn einfach so ändert sich nichts am System. Meiner Meinung nach ist es ein großer Unterschied, ob man »einfach« berufstätig ist, 20 Prozent arbeiten geht und sich dort von zu Hause »erholt« – oder ob man neben der Verantwortung zu Hause auch noch beruflich ein Team führt, nach außen kommuniziert und damit ein gewisser Druck involviert ist. In letzterem Fall ist die Hürde durch diese Doppelverantwortung höher und es braucht definitiv ein Umdenken. Auch Bereichsleitungen mit Niedrigprozent-Anstellung müssen möglich sein. Und das nicht nur für Frauen, sondern auch für Männer. Für die ist es nämlich nicht selbstverständlich zu reduzieren, ohne sich mit einem Arbeitspensum von 80 Prozent gleich gegen ihre berufliche Karriere zu entscheiden. Aber das muss in Zukunft möglich sein.

Ist es möglich, mit einer reduzierten Stundenanzahl effektiv ein Team zu führen – auch, wenn man nicht zu 100 Prozent vor Ort ist?

Ja, das geht! Ich glaube, es ist alles eine Frage der Organisation und der Strukturen. Das setzt natürlich Bereitschaft voraus und ist auch schon mal eine Belastungsprobe. Manchmal sitze ich in digitalen Meetings und habe ein Kind dabei, wenn gerade nicht mein Arbeitstag ist. Oder ich telefoniere mit den Ehrenamtlichen und bin nicht bei den Kindern immer gleich präsent. Das ist die Herausforderung und ich könnte mich manchmal zerreißen. Das habe ich auch nicht immer so gut hingekriegt, wie ich es mir gewünscht hätte.

Wie bewältigst du für dich dieses Spannungsfeld mit Kindern, Job und Ehrenamt?

In der Schweiz gibt es gesetzlich 14 Wochen »Mutterschaftsurlaub«. Nach dieser Zeit bin ich bei beiden Kindern wieder arbeiten gegangen. Und ich habe, glaube ich, nie eine Krise geschoben. Ich bin ein leidenschaftlicher Mensch und konzentriere mich voll auf meine Arbeit. Deswegen denke ich bei der Arbeit auch nicht so sehr an meine Kinder und was sie wohl gerade machen oder ob es ihnen gut geht. Weil ich weiß, dass ich denjenigen vertrauen kann, denen ich meine Kinder anvertraue: meinem Mann, unserer Nanny, meiner Familie oder Freunden.

Viel schwerer fällt mir die Abgrenzung auf der anderen Seite: mit den Kindern zusammen zu sein, ohne an die Arbeit oder andere Projekte zu denken. Das ist ein Spannungsfeld. Aber ich glaube, dass man lernen kann, wirklich präsent zu sein. Und gleichzeitig muss man zu diesem Spannungsfeld auch Ja sagen. Es ist manchmal messy und chaotisch. Wer voll zu Hause bleibt, hat auch Herausforderungen – eben andere. Ich habe mich für mein Spannungsfeld entschieden – daher denke ich auch nicht so sehr darüber nach, sondern nehme es dankbar an, dass ich überhaupt in dieser Konstellation leben darf. Es ist mir ein sehr großes Anliegen, dass ich andere ermutigen und Vorbild sein kann – so, wie ich einige wenige Vorbilder hatte. Ja, diese Art von Familien- und Arbeitsleben lohnt sich extrem. Ich empfinde es als Privileg, das mit meinem Mann als Team gemeinsam tun zu dürfen.

14

ALS FRAU IN EINER MÄNNERDOMÄNE

Eins möchte ich diesem Kapitel vorwegschicken: Sich für Frauen als Leiterinnen starkzumachen, bedeutet nicht, grundsätzlich gegen Männer zu sein. Es bedeutet zunächst einfach nur, für Frauen zu sein. Ich schätze meine männlichen Kollegen und Vorgesetzten außerordentlich. Die Zusammenarbeit mit ihnen hat oft eine sehr bodenständige, sachlich-orientierte Komponente, die ich sehr wertschätze. Deswegen ist dieses Kapitel auch keinesfalls als »Männer-Bashing« zu verstehen – das kommt auch im folgenden Interview mit Tabea Kunze zum Ausdruck. Für eine gleichberechtigte Führung von Männern und Frauen ist es jedoch zugleich notwendig, dass Männer Platz machen und sich unter Umständen mit Frauen als Vorgesetzten arrangieren müssen – auch in Branchen, die bislang dezidiert als Männerdomäne bekannt waren.

In Vorbereitung auf dieses Buch habe ich einige Freundinnen gefragt, vor welcher Herausforderung sie in ihrer Leitungsposition stehen – oder was sie davon abhält zu führen. Einige Fragen beschäftigten alle: Was tue ich, wenn ältere Männer mich als Frau nicht ernst nehmen und meine Expertise übergehen? Wie soll ich mich verhalten, wenn ein Mann mir gönnerhaft und ungefragt die Welt und meinen Fachbereich erklärt?

Und diese Wie-soll-ich-mich-verhalten-Liste ließe sich beliebig fortsetzen. Die einfache Erkenntnis, dass Männer und Frauen grundsätzlich auf verschiedene Arten kommunizieren,[64] hilft schon beim Lösen der oben genannten Szenarien. Natürlich wird bei der Unterscheidung auf Stereotype zurückgegriffen, die nicht auf jeden einzelnen Mann und nicht auf jede Frau zutreffen. Die Reduktion der Komplexität ermöglicht es aber, typische Verhaltensweisen auf beiden Seiten zu erkennen und ihnen auf angemessenem Wege zu begegnen.

Mit der Wirtschaftsingenieurin und Teamchefin Tabea Kunze habe ich im folgenden Interview über einen respektvollen Umgang, über Spielregeln und Statussymbole im Job gesprochen – und darüber, welche wichtige Führungslektion sie von ihren männlichen Kollegen gelernt hat.

---

64 Hilfreich finde ich zu diesem Thema diese beiden Bücher: Peter Modler: Das Arroganz-Prinzip – So haben Frauen mehr Erfolg im Beruf, Fischer, Frankfurt am Main 2018.
Marion Knaths: Spiele mit der Macht – Wie Frauen sich durchsetzen, Pieper, München 2009.

TABEA KUNZE (34) ist studierte Wirtschaftsingenieurin (M.A.) und arbeitet bei einer Tochterfirma von Bosch in der Schweiz. Sie leitet dort die Verfahrensspezialisten und ist für ein Team von 14 Mitarbeitenden verantwortlich.

Wirtschaftsingenieurwesen und Schleifsysteme – das klingt nach einer Männerdomäne. Welche Herausforderungen gibt es beim Leiten in einem Umfeld, in dem Frauen noch immer selten arbeiten?

Die Spielregeln sind andere, als ich sie früher gelernt habe: geradliniger, einfacher, direkter – sowohl im positiven als auch im negativen Sinn. Eine dicke Haut und die Bereitschaft zur Selbstreflexion machen es möglich, gewisse Spielregeln neu zu erlernen und gleichzeitig sich selbst treu zu bleiben.

Wie hast du es geschafft, im Miteinander mit deinen männlichen Mitarbeitenden als Chefin respektiert zu werden?

Die Antwort zu dieser Frage fällt mir leicht: Respekt. Wer Respekt gibt, bekommt Respekt zurück. Unabhängig davon, ob wir von Männern oder Frauen sprechen. Zudem heißt es ja nicht umsonst, »sich Respekt verdienen«. Zu Respekt gehört aus meiner Sicht die passende Leistung und echtes Interesse am Menschen.

Was sind die größten Unterschiede in der Arbeit zwischen einem eher männerdominierten Team und einem gemischt-diversen Team aus Frauen und Männern?

Ich persönlich erlebe beide Teamformen durchaus als zielorientiert, wobei in gemischten Teams Konsens und Harmonie deutlich höher bewertet werden als in reinen Männerteams. Das bedeutet im Umkehrschluss auch, dass ich Diskussionen in Männerrunden als sehr viel kontroverser und teilweise aggressiver erlebe. Ich habe immer wieder bemerkt, wie der Ton allein durch die Anwesenheit einer Frau bei sehr strittigen oder schwierigen Fragen umgänglicher wird.

Viele Frauen wissen gar nicht, dass im Unternehmenskontext gewisse Spielregeln gelten. Warum sollte man sich an diesem Spiel beteiligen?

Spielregeln bestimmen neben der Männer-Frauen-Thematik fast noch stärker die Unternehmenskultur. Einen großen Vorteil für Frauen sehe ich in ihrer Beobachtungsgabe und der Fähigkeit, zwischen den Zeilen die inoffiziellen Spielregeln herauszulesen. Das heißt natürlich nicht, dass Männer das nicht können, doch das gewisse »Gespür« würde ich durchaus als eine ausgeprägte weibliche Eigenschaft bezeichnen. Wenn ich die wichtigsten Spielregeln in meinem Arbeitsumfeld kenne, muss ich mich entscheiden, ob ich sie befolge. Für mich stand fest: Ich würde die Spielregeln nur dann verinnerlichen und mir antrainieren, wenn sie zu mir und meinen Werten passen. Andernfalls müsste ich das Unternehmen verlassen. Mit Sicherheit kann man die Spielregeln in seinem Bereich auch verändern. Allerdings sollte man den Änderungswillen einer bereits bestehenden Organisation nicht allzu romantisch beurteilen und realistisch davon ausgehen, dass sich im Zweifel nicht viel ändern wird.

Was können so Spielregeln sein?

Grundsätzlich gelten in einem männerdominierten Bereich mit Sicherheit Themen wie hierarchische Kommunikation, Status etc. mehr als in einem frauendominierten Bereich. Typisch ist auch ein direkteres Verhalten und vor allem direkte Kommunikation. Es wird nicht so sehr um den heißen Brei geredet. Fakten und Wissen stehen über Harmonie und Empathie – zumindest erlebe ich das so in meinem Umfeld.

Eine spannende Entwicklung erlebe ich bei Kollegen, die in einem ähnlichen Alter sind wie ich: Bei ihnen verschwimmen diese Unterschiede fast komplett. Was früher stereotypisch männlich oder weiblich war, merke ich da kaum noch. Ich denke, das liegt an zwei Entwicklungen: Zum einen sind die Rollen und Aufgaben in Schule, Studium und privatem Bereich nicht mehr stereotypisch verteilt und zum anderen haben Werte sich verändert. Ein ausschließlich hierarchischer Führungsstil zum Beispiel wird heute als altmodisch abgetan.

Was sollte man über die unterschiedlichen Kommunikationsweisen von Männern und Frauen wissen?

Das Wichtigste ist: Männer kommunizieren anders. Wenn meine Kollegen, Vorgesetzten und Mitarbeiter Männer sind, ist es ratsam, sich ihren Kommunikationsstil anzuschauen, teilweise anzueignen und nicht davon auszugehen, dass alle möglichst schnell meinen eigenen Stil lernen sollten. Ich fahre ja auch nicht nach China und wundere mich dann, dass ich im Restaurant nicht auf Deutsch bestellen kann.

Zur männlichen Kommunikation sind mir bisher zwei Dinge besonders aufgefallen.

Erstens: Es wird direkt mit dem Ranghöchsten diskutiert. Wenn der Entscheider im Meeting sitzt, muss es keinen gemeinsamen Nenner mit allen Anwesenden geben, es muss lediglich diese eine Person überzeugt werden. Ich würde das durchaus als zielgerichtete Kommunikation beschreiben. Zweitens: Für mich stecken Emotionen überall drin. In meinen Aufgaben, meinen Zielen und in jeder dazugehörigen Kommunikation. Das erlebe ich bei meinen männlichen Kollegen nicht so stark. Man könnte wahrscheinlich von einer sachlicheren Kommunikation reden. Das birgt sehr viele Vorteile, weil man schnell und direkt kommunizieren kann, birgt aber auch den Nachteil, dass es verletzend wirken kann.

Auch wenn ich glaube, dass sich die Spielregeln der Unternehmenskultur eher schwierig ändern lassen, denke ich, dass sich die Kommunikation in dem Bereich, den ich selbst verantworte, sehr wohl verändern lässt. Damit habe ich sehr positive Erfahrungen gemacht und erlebt, dass es als Bereicherung empfunden wird, wenn man den eigenen Stil und die eigene Note mit einbringt.

Viele Frauen begegnen »Machos« im Unternehmenskontext. Wie gehst du damit um, wenn

… du in einem Meeting unterbrochen wirst?

Ich weise den Kollegen freundlich und ohne Emotionen darauf hin, dass ich noch nicht fertig war und meine Ausführung gerne zu Ende führen würde. Je nach Situation versuche ich, mich dann kürzer zu fassen. Wichtig finde ich hier, nicht hektisch zu werden und höher zu sprechen. Das wird meist als nervig und unprofessionell wahrgenommen und hilft in solchen Situationen überhaupt nicht.

… dir ein älterer Mann die Welt erklären will?

Ich höre zu, zeige Respekt für seine Erfahrung und überlege mir, was ich von ihm lernen kann. Das können ganz andere Themen sein, als die, die er mir beibringen möchte, aber ich habe es erst äußerst selten erlebt, dass ich wirklich nichts aus so einem Gespräch lernen konnte.

… deine eigenen Ideen scheinbar nicht gehört werden – und drei Minuten später genau das Gleiche von einem Kollegen vorgeschlagen wird und auf großen Anklang trifft?

Dann ergreife ich das Wort und bestärke den Kollegen, indem ich darauf hinweise, dass er meine Idee noch mal super neu formuliert hat.

… unangemessene körperliche Nähe erzeugt wird?

Ich gehe entschieden auf Distanz und mache dem Kollegen in angemessener Art klar, dass mir die Situation unangenehm ist. Je nach Situation auch erst in einem späteren Gespräch. Falls es sich um eine kritische Situation handelt oder sich solche Situationen wiederholen, würde ich mit vertrauten Kollegen darüber sprechen. In vielen Firmen gibt es auch Anlaufstellen für Belästigungen jeglicher Art am Arbeitsplatz, bei denen man sich Hilfe holen kann. Aus meiner Sicht darf es dafür keine Akzeptanz geben. Gleichzeitig finde ich es dem Kollegen gegenüber nur fair, das grenzüberschreitende Verhalten in angemessener Art klarzumachen und sich nicht hintenrum zu beschweren. Ich selbst habe vor vielen Jahren im Ausland eine solche unangenehme und unangemessene Situation erlebt, aber nie das Gespräch mit dem Kollegen gesucht. Erst einige Jahre später habe ich in der kollegialen Beratung bemerkt, dass allein aufgrund der Landeskultur vor Ort die Geste vermutlich nicht annähernd so gemeint war, wie sie bei mir ankam. Heute finde ich es schade, dass ich das Gespräch nicht offener gesucht habe. Aus diesem Grund rate ich hier etwas, was ich selbst nicht geschafft habe.

… anzügliche Bemerkungen gemacht werden?

Am besten mit einem Witz. Wenn mich die Bemerkung persönlich trifft, suche ich ein klärendes Gespräch unter vier Augen. Die schlechteste Variante aus meiner Sicht wäre, verletzt das Feld zu räumen.

… wenn Mitarbeiter die von dir delegierte Aufgabe an dich zurück delegieren wollen?

Dann spreche ich diesen Eindruck ganz offen an und kläre, warum das so ist. Neben fehlendem Respekt könnte es beispielsweise mit Unsicherheit, fehlender Kompetenz des Mitarbeiters oder Überlastung zu tun haben. Mir ist wichtig, dass ich als Vorgesetzte immer wieder auch die nicht so tollen Aufgaben übernehme wie Protokoll schreiben oder kopieren. Wenn ich sie selbst gemacht habe und mein Mitarbeiter mir dann erklärt, er findet die Aufgabe unter seiner Würde, habe ich einen sehr guten Startpunkt für ein ausführliches Mitarbeitergespräch. Tatsächlich ist mir das noch nie passiert. Grundsätzlich bin ich aber die Vorgesetzte und nicht die Sekretärin des Bereichs. Teil meiner Aufgabe ist es zu delegieren und dabei habe ich überhaupt kein schlechtes Gewissen.

Statussymbole wie Einzelbüro, schicker Dienstwagen mit Parkplatz oder eine teure Weiterbildung symbolisieren Macht. Annehmen oder bescheiden sein und verzichten?

Wenn in einer Firma zu einer Führungsposition gewisse Statussymbole gehören, ist das Teil der Unternehmenskultur. Verzichte ich als Frau darauf, verstört das alle und hinterfragt natürlich auch die bisherige Statuskultur. Verzicht darauf kann durchaus bewusst gesetzt sein, um eigene Werte zu verdeutlichen. Dann sollte es aus meiner Sicht aber ein Statement sein und kein Verzicht. Wenn ich allerdings selbst daran freue, würde ich auf keinen Fall darauf verzichten. Die Möglichkeit dafür habe ich mir ja hart erarbeitet, dann darf ich sie jetzt auch genießen. Noch ein Nebensatz zum Thema Macht: Macht ist gerade bei Frauen oft negativ belegt. Warum das so ist, verstehe ich nicht, denn Macht ist per se nichts Schlechtes. Es kommt nur darauf an, wie ich mit der mir anvertrauten Macht umgehe und dass ich nicht aus dem Blick verliere, dass sie genau das nur ist: mir anvertraut.

Nach einer Konferenz oder anderen Veranstaltung wird oft noch zusammen gegessen, der Abend klingt bei einem Glas Wein aus. Würdest du dich trotz großer Müdigkeit dazu aufraffen oder zurückziehen?
Mag der Arbeitsalltag mit vielen männlichen Kollegen eher sachlich sein, sind es die Abendveranstaltungen nicht. Hier werden die wichtigen Beziehungen geknüpft und die relevanten Informationen ausgetauscht. Die Menschen, mit denen man arbeitet, zu kennen, erleichtert die Arbeit und vor allem auch die Zusammenarbeit, ungemein. Man findet heraus, wofür sich die Kollegen interessieren, und lernt meist auch ihre privaten Rahmenbedingungen kennen. Nicht zuletzt lernen sie auch mich kennen. Toll ist, wenn man an solchen Veranstaltungen Spaß hat und die Lockerheit auch in den Abend mitnimmt. Grundsätzlich sind aus meiner Sicht solche Treffen teils wichtiger als das ein oder andere Managementmeeting – und rechtfertigen daher sogar eine gewisse Vorbereitung.

Welche Führungslektion hast du von deinen männlichen Kollegen gelernt?
Man führt auf drei Ebenen: auf der Ebene der Mitarbeitenden, der Kollegen und der Chefs. Diese Führung sollte in allen drei Ebenen aktiv und nicht passiv geschehen. Und: Am Schluss geht es darum, den Ball ins Tor zu versenken. Mit schönen Pässen allein gewinnt man nicht.

Was sollten Frauen als Führungsperson in einer mehrheitlich männlich besetzten Branche beachten?
Wenn man in eine bestehende Kultur hineinkommt, ist ein wichtiger Teil der Einarbeitung, diese Kultur anzuschauen und zu analysieren. Danach ist es essenziell, bewusst zu entscheiden, wo und wie man sich darin integrieren möchte. Wenn ich ins Ausland reise, verhalte ich mich ja auch erst mal als Gast,

lerne die Kultur kennen und adaptiere die positiven Umgangsformen. Genauso ist es in einem Unternehmen.

Außerdem habe ich oft erlebt, dass Frauen einen sehr positiven Einfluss auf ein Team haben. Fast immer bringen sie mehr Emotionalität und »Gspüri«, wie wir in der Schweiz sagen, mit ins Team und somit eine weitere, tiefere Ebene. Das trägt nicht nur zur Atmosphäre, sondern auch zu einer sehr guten Zusammenarbeit und zur Zielerreichung bei. Mein Appell ist also: Mach dir bewusst, dass du einen Mehrwert mitbringst. Füge dich in das bestehende System ein, wo es sinnvoll und gut ist, und bring dich mit deinen Gaben ein. Das macht dann den positiven Unterschied.

TEIL 3

ERKENNE DEIN GEGENÜBER

»Um mein Gegenüber zu erkennen, muss ich zunächst einmal eins: Zuhören lernen. Mit dem einfachen Ziel, etwas über die andere Person zu erfahren und sie zu verstehen.«

Der Ventilator drehte unermüdlich seine Runden und fächelte die Luft durch den viel zu großen Raum, in dem sich die zwanzig anwesenden Personen ziemlich verloren vorkamen. Mehrere Stuhlreihen standen nah an einer kleinen Bühne. Ich schlürfte einen Tee, knabberte ein paar Kekse und wartete aufgeregt auf den Beginn meines ersten Leadership-Kurses. Während meines Auslandssemesters an der Griffith University in Brisbane wohnte ich unweit vom Campus der Hillsong Church entfernt und hatte so die Möglichkeit, zusätzlich zum Uni-Pensum an diesem Abendkurs teilzunehmen. Neben einigen horizonterweiternden Aha-Momenten blieb vor allem ein Satz bei mir hängen, der Leadership-Experte John C. Maxwell zugesprochen wird: »People don't care how much you know until they know how much you care« (frei übersetzt: »Menschen ist es egal, wie viel du weißt, solange sie wissen, dass sie dir nicht egal sind«).

In den vergangenen Kapiteln dieses Buches haben wir uns mit uns als Leiterinnen beschäftigt und damit die Voraussetzungen für unsere Führungsaufgaben gelegt. Doch es wäre ein Trugschluss zu glauben, es ginge darum, wie wir uns zu besseren Leiterinnen selbst optimieren. Das Gegenteil ist der Fall: Es geht vor allem um das Führen der Mitarbeitenden, manchmal auch der eigenen Vorgesetzten. Deswegen dreht sich der dritte Teil auch um das Gegenüber und all die zwischenmenschlichen Zwischentöne, die Führung gleichzeitig so komplex, interessant und herausfordernd machen.

Unsere Mitarbeitenden sind unser größtes Kapital. Natürlich geht es auch darum, wirtschaftliche Kennzahlen zu erreichen – aber das ist mit einem gut funktionierenden und motivierten Team natürlich viel leichter. Deswegen ist es nötig, jedes Individuum des Teams, die anderen Abteilungsleiter sowie die Vorgesetzten auch auf einer persönlichen Ebene kennenzulernen. Dabei ist vielleicht weniger von Bedeutung, welche Schokoladensorte die liebste ist – obwohl auch dieses Wissen einmal praktisch sein könnte –, sondern was zu Höchstleistungen antreibt, wo Leidenschaften liegen und wo Schwachpunkte. Welche Themen treiben sie um? Ehrliches Interesse am Gegenüber zu zeigen, ist einfach – zumindest bei Menschen, die einem sowieso sympathisch sind. Doch die Schwierigkeit besteht darin, auch dann interessiert zu bleiben, wenn die Antwort immer länger ausfällt als gehofft oder der Sympathiefunke einfach nicht überspringen will. Doch wie John C. Maxwell schon sagte: Damit Menschen einer Leitung folgen, müssen sie wissen, dass ebendieser Leitung etwas an ihnen liegt. Ganz persönlich. Denn wer persönlich gesehen wird, der ist leistungsbereiter, motivierter, engagierter bei der Sache – und loyaler.

Um mein Gegenüber zu erkennen, muss ich zunächst einmal eins: Zuhören lernen. Wertungsfrei, ohne Unterbrechungen. Mit dem einfachen Ziel, etwas über die andere Person zu erfahren und sie zu verstehen. Wie wichtig es dabei ist, sich selbst und das eigene Kommunikationsverhalten zu kennen, wird im Gespräch mit der zertifizierten John-C.-Maxwell-Coachin Astrid Meyer deutlich. Mit ihr habe ich über Motivation von Mitarbeitenden gesprochen, über die verschiedenen Kommunikationstypen und wie man mit schwierigen Kollegen oder Mitarbeitenden umgehen kann. Den sogenannten »Blindwiderstand« habe ich mit der ehemaligen TV-Moderatorin Carmen Thomas in Kapitel 16 genauer beleuchtet, bevor es in Kapitel 17 um Emotionen, Konfliktfähigkeit und spannungsfreies Arbeiten geht.

15

FÜHRUNG UND DAS ZWISCHEN-MENSCHLICHE

Astrid Meyer ist eine sehr feine Persönlichkeit mit einem tiefen Verständnis für die menschlichen Kommunikationsweisen. Sie ist keine impulsive und dominante Leiterin, sondern eine Person, der man das ehrliche Interesse für ihr Gegenüber wirklich abkauft. Sie ist Coachin für Führungskräfte und berät hochrangige Unternehmen in der Schweiz. Das Zwischenmenschliche ist ihr täglich Brot. Im folgenden Interview fragte ich sie, was sie gern selbst schon früher übers Leiten gewusst hätte, und in unserem Gespräch wird außerdem deutlich, wie wichtig es ist, sein Gegenüber zu kennen bzw. sein Kommunikationsverhalten zu verstehen.

ASTRID MEYER (57) ist zertifizierte Trainerin, Sprecherin und Coachin für Führungskräfte und Leitungsmitglied im John-C.-Maxwell-Team in der französisch sprechenden Schweiz.

Was hätten Sie gern übers Leiten gewusst, bevor Sie damit angefangen haben?

Ich hätte gerne die vier Kommunikations- und Verhaltenswesen des DISG-Modells[65] gekannt. Dann wäre mir vieles leichter gefallen und ich wäre früher in eine Leitungsfunktion eingestiegen. Zur Erklärung: Das Modell unterteilt im Wesentlichen in vier Grund-Persönlichkeitstypen ein: Dominanz (D), Initiative (I), Stetigkeit (S) und Gewissenhaftigkeit (G). Vor zehn oder zwanzig Jahren waren die meisten Leiterinnen und Leiter in Führungspositionen Ds, das heißt dominant. Leider waren viele vor allem für ihre negative Seite bekannt, waren kontrollierend, manipulierend, Druck ausübend. Heute hat man erkannt, dass auch die Kombinationen aus den anderen Typen I, S und G sehr gute Leiterkräfte sind. Ihnen fehlt allerdings der D-Anteil, das Charismatische und Powervolle. Seit ich weiß, dass ich selbst eine Leiterin mit Initiative, Stetigkeit und Gewissenhaftigkeit bin, halte ich auch danach bei anderen Leitern Ausschau. Denn die junge Generation hat schon zu lange die schlechte Seite vom D-Typen gesehen und sucht jetzt eine neue Leiter-Generation,

---

65 Ursprünglich Englisch: DISC-Profile.

die ein neues Verständnis von Teamwork und Leadership lebt. John Maxwell sagt gerne: »Everything rises and falls on leadership«, also »Alles steht und fällt mit Leiterschaft« – Erfolge wie auch Niederlagen. Und das stimmt: Produktivität, Gewinn und Erfolg im Verkauf verbessern sich um 30 Prozent, wenn Unternehmen in das Menschliche, in ihre Mitarbeitenden investieren und sie ein neues Verständnis von Zusammenarbeit, Ergänzung und Leitungsfähigkeit entwickeln. Da ich heute – jetzt in Leitungspositionen weltweit – mit sehr vielen D-Typen zu tun habe, musste ich erst lernen, in der »D-Sprache« zu reden und klar in meinen Aussagen zu sein. Dabei darf ich mich von meinem S-Anteil nicht zu sehr zurückhalten lassen.

Was sind die größten Stolpersteine für eine junge Führungspersönlichkeit?

Ich habe mit vielen jungen Leuten zusammengearbeitet, in Unternehmen, aber auch in Kirchen und im Mentoring. Die Jugendlichen meiner Kirche waren ganz dynamisch und engagiert, sie blühten auf, leiteten sehr gut. Als sie mit 20, 22 Jahren ihr Studium beendet hatten, begannen sie zu arbeiten. Als sie ungefähr 25 Jahre alt waren, sah ich einige nur noch mit Anzug und Krawatte oder im Kostüm; sie waren distanzierter und dominanter. Das hat mich nachdenklich gemacht. Ich habe einige von ihnen gefragt: »Was ist mir dir passiert?« Dann platze es aus ihnen heraus: »In der Kirche habe ich gelernt, immer die andere Wange hinzuhalten, nett zu sein, immer exzellente Arbeit zu machen. Und dann habe ich die richtige Arbeitswelt kennengelernt. Da bin ich gnadenlos untergegangen. Also musste ich mich irgendwann auch wehren und anders sein.« Da ging mir ein Licht auf: Jede Generation hat die Hoffnung und den Traum, anders zu leiten. Doch dann kommen sie in diese Maschinerie hinein, in der sie lernen, dass man über Leichen gehen und andere ausnutzen muss, um erfolgreich zu sein. Und sie sehen, dass es funktioniert. Dabei ist das ja eine Lüge! Leider fallen viele auf diese Lüge rein und sind dann mit 30 fast noch schlimmere Leiter als die Generationen vor ihnen. Sie reproduzieren also die gleichen Verhaltensweisen, die ihnen früher selbst am meisten wehgetan haben.

Weil sie keine Vorbilder haben oder nicht genug ausgebildet werden, tappen sie also in die gleichen Fallen wie ihre Vorgänger …

Genau. Die neue Generation hat nicht nur das Problem, dass sie keine Vorbilder hat. Außerdem fehlen den meisten grundlegende Wertmaßstäbe. Dazu kommt, dass das Vertrauen junger Menschen in Institutionen, die Politik und die Stabilität ihres Landes auf 30 Prozent gesunken ist – und das ist besonders zur heutigen Zeit verheerend. Vor 20 Jahren hatte ein Jugendlicher noch ungefähr 70 Prozent Vertrauen. Hier gibt es einen Zusammenhang: Wer dem Außen nicht vertraut, der vertraut auch sich selbst nicht. Deshalb suchen sie Anerkennung und Likes in den sozialen Netzwerken. Sie fühlen eine Ohnmacht, aus der eine zerstörende Wut entsteht. Die Selbstmord-Raten werden höher. Deswegen müssen wir wieder neu anfangen, über Werte und Maßstäbe zu sprechen und über den Vorteil wertorientierten Handelns.

Wie können Mitarbeitende extrinsisch, also von außen, durch Führung motiviert werden?

Das kommt wieder darauf an, mit welchem Persönlichkeitstyp Sie es zu tun haben. Auch hier ist wichtig, die Sprache der anderen Typen zu sprechen. Nur so kann man Mitarbeitende typgerecht motivieren. Das Positive an einem D-Leiter: Er ist dominant und hat etwas, was die anderen nicht haben: sehr konkrete und große Visionen, die aber nicht auf Menschen, sondern Ziele ausgerichtet sind. Er kann diese Ziele klar sehen und sie strategisch erreichen. Und dafür lieben wir die Ds. Der Visionär bringt Menschen in Bewegung und kann Ideen schmackhaft machen.

Es gibt aber auch die Kehrseite vom D: Wenn er zu dominant und kontrollierend wird, die Leute nur mitreißt und überhaupt nicht auf sie eingeht, sie in ihrer Sicherheit »entsichert« und sie damit total erschöpft, dann ist das Manipulation. Ähnliches beim initiativen Typ: Wenn er nur den Traum sieht, aber nicht das konkrete Vorangehen und seine Leute mal hierhin und mal dorthin führt, erschöpfen die Stetigen und Gewissenhaften. Diese checken nämlich sehr viele Faktoren ab. Während sich ein dominanter Typ eine einzige Frage stellt, wird sich ein stetiger Mensch hundert Fragen dazu stellen und Entscheidungen im Team ausmachen, damit sie auf Abstimmung und gemeinsamer Beratung beruhen. Natürlich gibt es Momentum-Situationen, in denen schnell eine Entscheidung gefällt werden muss und das lange Abschätzen von Faktoren zu viel Zeit in Anspruch nehmen würde. Hier braucht es die intuitiv guten Entscheidungen der Ds und Is. In einem guten Team brauchen wir jeden Typen – aber in einem guten Gleichgewicht. Und jeder muss lernen, die Sprache des anderen zu sprechen.

Und wir müssen wissen, wie wir unseren Traum oder den Traum von jemand anderem weitergeben können. Solange die Mitarbeitenden das nicht sehen und nicht den Vorteil dieser Vision für sich persönlich erkennen können, sind sie nicht motiviert. Heute wissen wir: Geld, Macht und Status motivieren die heutigen Generationen nicht mehr. Es braucht Sinn, das Leben und die Arbeit müssen sinnstiftend sein. Wenn wir davon ausgehen, dass auch in jedem jungen Menschen der Traum steckt, die Welt zu verändern, dann müssen wir das richtige Vokabular, die richtige Sprache finden, um seinem Traum zu begegnen und ihn mit unserem zu verbinden.

Wie können Leiterinnen ehrliches Interesse am Gegenüber zeigen und zugleich eine professionelle Distanz wahren?

Es kommt drauf an, wer das Gegenüber ist. Ein stetiger Mensch wird immer andere Stetige anziehen – und die müssen reden und sich austauschen. Die Beziehungsebene und das ehrliche Interesse am Gegenüber gehören für sie dazu. Um hier eine professionelle Distanz zu wahren, muss man von Zeit zu Zeit auch als S die Position eines D einnehmen und sagen: »Mit welchem Ziel bist du zu mir gekommen?« Wir Stetigen müssen lernen, uns nicht immer von der Herz-Beziehung ablenken zu lassen. Manchmal geben wir dem Herzen zu viel Raum und unseren Zielen zu wenig.

Ich bin sehr vielen Leuten begegnet, die auch stetige Typen sind und die mich deswegen sehr in Anspruch nehmen und alles besprechen wollen. Aber sie bleiben stecken, kommen nicht vom Fleck. Bisher hat man mir geraten, Ziele zu stecken –eigene Ziele für mich, aber auch Ziele in der Zusammenarbeit mit meinen Mitarbeitenden – und Prioritäten zu setzen. Aber das ist mir nicht gelungen und ich war frustriert. Dann gab mir ein Coach den lebensverändernden Rat: »Dein Ziel ist nicht groß genug. Denk mal darüber nach: Was ist dein Traum? Was siehst du in dir? Was siehst du schneller und weiter als alle anderen?« Seit ich wage, meinen eigenen Traum größer zu träumen, ist meine innere Motivation viel größer geworden und ich kann jetzt die anderen Prioritäten besser abschätzen und die Grenze zur professionellen Distanz besser wahren.

Wie gehen Sie professionell mit Mitarbeitenden um, die herausfordernd im Umgang sind?

Besonders für die S-Typen wie mich ist das Schwierigste zu erkennen: Ich muss nicht jeden lieben. Ich muss nicht von jedermann geliebt werden. Und es ist okay, wenn ich jemanden nicht besonders mag. Was mir am meisten geholfen hat, ist der Bibelvers »Liebe deinen Nächsten wie dich selbst« aus Matthäus 22,39. Wenn ich mich selbst nicht mehr so lieben kann, wie ich meinen Nächsten lieben soll, dann kann ich ihm aus dem Weg gehen. Ich kann also das Stetige in mir besänftigen und sagen: »Nein, mein Herz, du musst nicht alles geben, um von diesem

Menschen geliebt und anerkannt zu werden. Ich bin nicht verpflichtet, ihn mehr zu lieben als mich selbst.« Das heißt, dass ich mich auch selbst respektieren muss. Zuerst kommt nämlich dieses Gebot aus Vers 37: »Du sollst Gott lieben von ganzem Herzen und mit deiner ganzen Seele und mit deinem ganzen Verstand.« Aber deinen Nächsten liebst du nur zum gleichen Anteil wie dich selbst. Die Stetigen neigen dazu, die anderen etwas mehr zu lieben als sich selbst. Personen, die uns sehr herausfordern, haben oft eine Art, mit der sie immer mehr von uns verlangen. Ich habe mir Grenzen aufbauen und lernen müssen, wie ich jemandem begegne, der diese Grenzen immer wieder überschreitet. Heute kann ich beispielsweise klar sagen: »Ich habe ein Ziel vor Augen und ich brauche diese Zuarbeit von dir. Es ist okay, wenn du damit nicht einverstanden bist oder dich das nicht erfreut. Ich kann auch damit leben, dass du jetzt vielleicht wütend bist.« Hier können wir wieder von der positiven Seite der dominanten Leiter lernen. Die sagen meistens nur: »Ich bin nicht okay damit.« Nichts weiter. Er schuldigt nicht an, er ist nicht im negativen Sinn dominant oder aggressiv, er erklärt und entschuldigt sich nicht. Das war eine große Herausforderung für mich. Doch jetzt haben die Leute es sehr schnell verstanden und es ist okay für sie.

Man muss dann auch wieder die richtige Sprache finden – was für mich vielleicht sehr hart klingt, kommt beim anderen mitunter genau richtig an …

Ja, das muss man ausprobieren. Am Anfang ist es sehr schwierig, da mag einem fast das Herz stehen bleiben. Aber dann merken wir: Ah, er ist gar nicht sauer auf mich. In einer nächsten, zweiten Phase kann man dann ausdrücken, was die eigenen Ziele sind oder welche Gefühle in mir ausgelöst werden. Manchmal müssen Ds und Is auch erst lernen, was sie in anderen auslösen. Sie müssen hören, was meine Emotion ist. Erst wenn ich erkläre: »Wenn diese Anfrage an mich gestellt wird, löst es in mir X aus« wird das dem Gegenüber vielleicht bewusst, der sonst nur egozentrisch um sich selbst kreist.

Manchmal muss man sich von Mitarbeitenden trennen. Kann eine Entlassung für die Betroffenen auch positive Effekte haben?

Wenn wir das DISG-Modell berücksichtigen, können wir besser erkennen, in welchem Umfeld Mitarbeitende aufblühen können – und wo sie keine Fortschritte machen werden. Ihre Entwicklung soll nicht nur für das Unternehmen Vorteile bringen, sondern auch für jeden persönlich. Eine Entlassung kann deswegen auch Ermutigung sein, in eine neue Richtung zu gehen – eine, in der Mitarbeitende ihr volles Potenzial entfalten können.

Vor einigen Jahren sind Sie schwer an Krebs erkrankt. Hat das Ihre Sicht auf Leadership und Ihr Engagement verändert?

Der größte Gegner von stetigen Menschen ist die Angst. Als ich mit 50 Jahren Krebs bekommen habe, musste ich mich meinen grundsätzlichen Ängsten stellen. Und ich musste sie überwinden. Heute bin ich ein wunderbar stetiger Typ, der keine Angst mehr hat. Ich lasse mich nicht mehr von Ängsten zurückhalten, die mir einflüstern wollten: »Du bist noch nicht gut genug« oder »Die anderen sind wichtiger und können es besser als du!« Darauf kann ich heute einfach antworten: »Wage es und versuch es! Daraus kannst du nur lernen!« Das hat mich sehr befreit und mein Leadership auf ein neues Level gehoben – heute coache ich kreative Innovation und trainiere die individuelle und kollektive Intelligenz, um ein Team weiterzuentwickeln. Ich sehe das Verbesserungspotenzial in jeder Person, jeder Situation, jedem Unternehmen und vor allem in jeder Führungskraft.

16

REAKTANZ UND DER INNERE BLINDWIDERSTAND

Es gibt sie, die Kollegen oder Menschen im Bekanntenkreis, die grundsätzlich immer dagegen sind. Egal, ob Marketingstrategie oder Ausflugsziel – die Vorschläge werden pauschal abgeschmettert. Ahnungslose brettern da mit neuen Ideen gern mal mit vollem Karacho gegen eine Wand aus Verweigerungsbeton.

Hinter einer solchen Ablehnung von Vorschlägen oder Ideen ohne rationale Begründung stecken unbewusste Reaktionen. Diese Abwehrreaktionen nennt man in der Psychologie und Soziologie Blindwiderstand oder Reaktanz. Wie kann dieser generellen Ablehnung von Neuem oder Ungewöhnlichem konstruktiv und ohne Frust begegnet werden? Carmen Thomas hat auf diesem Gebiet langjährig Erfahrungen gesammelt und darüber ein Buch geschrieben: »Reaktanz – Blindwiderstand erkennen und umnutzen«[66]. Reaktanz zu begreifen, hilft nicht nur in Change-Management-Prozessen, sondern auch im alltäglichen Miteinander.

---

66 Carmen Thomas: Reaktanz – Blindwiderstand erkennen und umnutzen, 7 Schlüssel für ein besseres Miteinander, Adeo, Asslar 2020.

CARMEN THOMAS war ab 1968 eine der ersten Moderatorinnen des WDR-Morgenmagazins, zudem TV-Reporterin beim WDR und bei der BBC. Ab 1973 war sie zwei Jahre lang die erste Sport-Moderatorin im deutschen Fernsehen, ab 1974 Redaktionsleiterin und Moderatorin der Radio-Mitmachsendung »Hallo Ü-Wagen«. Zehn Jahre lang leitete sie die WDR-Programmgruppe »Forum für Mitmach-Sendungen«. Die Journalistin und Autorin von 16 Büchern ist Kommunikations-Expertin und lehrte 13 Jahre lang an Universitäten. Seit 1980 coacht sie Teams in Wirtschaft, Politik, Medien, Verwaltung und im Ehrenamt. Sie leitet die »1. ModerationsAkademie für Medien + Wirtschaft«, die sie 1998 gründete.

Wie äußert sich reaktantes Verhalten?

Reaktanz ist der »innere Blindwiderstand«, der dann entsteht, wenn etwas fremd, vorgegeben oder anders als das Eigene ist, und wenn Menschen die eigene Entscheidungsfreiheit gefährdet sehen. Gegen diese »Bedrohungen« entsteht eine spontane Dagegen-Abwehrhaltung – ein erstmal unklarer, „blinder“ Widerstand, der sich auch gegen Beeinflussungsversuche wehrt. Interessanterweise reagiert zuerst der Körper: vollkommen unwillkürlich, aber deutlich spürbar – mit einem harten Bauch, dem berühmten »dicken Hals« oder an anderen Stellen im Körper. Die Gründe dafür sind nicht sofort transparent – auch nicht für die Person selbst, die reaktant empfindet. Das kann so weit gehen, dass ein Mensch nicht mal mehr seiner eigenen Meinung ist.

Können Sie ein typisches Beispiel für ein reaktantes Verhalten nennen?

Ein Beispiel: Reaktanz entsteht beim Brainstorming. Wenn Einfälle zu fremd sind oder auch wenn sie sich wiederholen, können sie erst mal reaktant entwertet werden – anstatt sie als besonders bedeutsam einzustufen. Denn Redundanz kann ja ein Hinweis auf mehr Relevanz sein. Hier lohnt die Spielregel, das Ansprechende daran als weiterführenden Gedanken aufgreifen, ergänzen und vertiefen zu dürfen. Denn Verschwistern (»Ich finde das Gleiche wie X«) und Abgrenzen (»Das sehe ich ganz anders als Y«) verursachen zuverlässig Reaktanz, bei der die Sachzentrierung häufig auf der Strecke bleibt.

Sie schreiben in Ihrem Buch: »Reaktanz ist einer der Hauptgründe, weshalb Menschen und Gruppen neue Ideen oder Anregungen nicht sofort begeistert begrüßen und annehmen können, sondern gerade Innovatives standardmäßig ablehnen.« Mal angenommen, eine Frau, die gerade die Leitung einer Abteilung übernommen hat, stellt in einem größeren Rahmen eine neue Strategie oder Idee vor – die auf Ablehnung stößt. Wie kann es ihr gelingen, besser auf reaktantes Verhalten zu reagieren?

Bei allem stets mit Reaktanz rechnen. Sich mit vielen Reaktionsmöglichkeiten vorbereiten. Als Erstes: sich die sieben Optimier-Haltungs-Sätze, die das Rückgrat des Buches bilden, in Erinnerung rufen (siehe unten). Damit lässt sich die eigene Reaktanz spontan umbauen. Als Antworten und als Reaktanz-Reaktionen im Team die sieben Schlüssel-Code-Sätze nutzen. Sie ermöglichen, sich selbst und andere aktiv aufgeschlossener machen zu können. Zweitens: Formulierungen kennen, die reaktant machen: »man«, »wir«, »müssen«, »sollen«. Die Einsicht nutzen, dass die Team-Reaktanz stets auf Wesentliches aufmerksam macht, das übersehen wurde. Das Schöne: Dann wird spürbar, wie sich die Reaktanz legt. In solchen Fällen kann es sich auch um Neid-Reaktanz handeln, also um den vorbewussten Ärger, dass das eine neue Idee ist, die jemand selbst gern gehabt hätte oder die zu einschüchternd innovativ ist. Ängstliche Personen reagieren strukturell reaktant. Denn es dauert ja, bis Verschiedenheit, die im Anderssein liegen kann – weiblich, regional, international, ... – als bereichernder Wert empfunden wird.

Und drittens: Wenn als Mauerargument kommt: »Das funktioniert sowieso nicht«, dann macht das den Bedarf deutlich, dass Wege und Schritte zu klären sind, wie es gehen kann. Also ergänzen z.B. mit einer dieser beiden Varianten:

A) Das Vorgehen vom Team selbst brainstormen lassen und daraus gemeinsam Lösungen entwickeln.

B) Von vorneherein drei Lösungen anbieten – die den anderen die Chance geben, mitwirken zu können. Ein Satz wie: »Ich habe darüber nachgedacht und die Lösung gefunden«, verursacht in seiner bevormundenden Wirkung nur Reaktanz – egal wie richtig der Ansatz auch wäre. Eine Alternative könnte so klingen: »Zum Starten sind hier (= im Dreieck visualisieren, sodass die Sache eigenständig im Raum steht und die Blick-Chemie bindet) drei Varianten. Bitte um eine ›Pro-Kontra-Runde‹ bzw. ›Licht-Schatten-Runde‹ für alle drei.« Dann genau zuhören, was daran gefällt und was daran optimierungswürdig erscheint. Schneller und konstruktiver geht das, wenn alle in 6 x 1 Minuten parallel brainstormen und dann – mit rotierendem Anfang im Lese-Karussell – reihum ihre Notizen vorlesen. Das gleichzeitige Notieren spart ja nicht nur Zeit. Es befreit garantiert von Reaktanz.

Könnte das Vorschlagen von drei Alternativen nicht auch als Zeichen von Unsicherheit gedeutet werden, weil ich offensichtlich nicht genau weiß, welche Lösung die beste ist?

Im Gegenteil. Mehrere Lösungen anzubieten, wirkt von vorneherein souveräner und klüger. Denn jede Variante hat ja Fürs und Widers. Und das Vorgehen macht klar, dass es nie nur eine Lösung gibt. Zusätzlich haben die Varianten auch die Funktion, die Start-Reaktanz zu verkleinern und die Lust am Mitmachen zu steigern.

Voraussetzung insgesamt: ein ebenso offenes wie selbstbewusstes Auftreten.

Sie gehörten ab 1968 mit 21 Jahren zu den ersten Magazin-Moderatorinnen des WDR, waren 1973 die erste Frau, die eine Sport-Sendung im deutschen TV moderieren durfte – mit 26 Jahren. Ein Jahr später haben Sie mit »Hallo Ü-Wagen« die erste Mitmach-Sendung im Rundfunk entwickelt und diese Sendung 20 Jahre lang moderiert sowie geleitet. Sie mussten viel Feedback aushalten – zuerst unaufgefordertes und dann durch das »Institut Hörerpost« ermutigtes …

Tatsächlich war und ist »Hallo Ü-Wagen« vom WDR bis heute die einzige Sendung, in der als festes Institut sieben bis zehn Minuten lang von Sprechern Kontra- und Pro-Zuschriften rückblickend zu jeder Sendung vorgelesen wurden. Keine beleidigenden Briefe, aber doch auch sehr kritische. Anfangs war ich noch gekränkt und habe nur die Zähne zusammengebissen. Aber dann wurde es immer interessanter: Negative Meinungen waren geradezu Trigger, um positive Zuschriften zu erzeugen; sofort kamen herzerwärmende Anerkennung und Wertschätzungen als Reaktion darauf. Das bewies förmlich, dass auch riesige anonyme Gruppen – wie so eine Hörerschaft mit bis zu sechs Millionen Einschaltquote – reaktant reagieren können.

Indem ich lernte, negative Reaktionen umzunutzen und die weiterführenden Impulse darin aktiv aufzugreifen, konnten auch sehr kritische Zuschriften oftmals zu echten Optimierungen beitragen. Bei manchen war das herausfordernder. Beispiel: Zur Sendung über Aufklärung von Kindern kam benutztes Klopapier im Umschlag. Das war die deutlichste Art auszudrücken, dass jemand die Sendung beschissen fand – zu der Zeit war ein Shitstorm noch analog. Welch rasche, eindeutige und nachhaltige Form der Meinungsäußerung. Wie viel Aggression und Hemmungslosigkeit. Was für tiefe Verwundungen dürften wohl dahinterstecken, wenn jemand zu solchen Mitteln greift?

Wie haben Sie gelernt, mit diesem Feedback konstruktiv umzugehen?

Mit der Zeit habe ich gelernt, auch bei beleidigendsten Briefen immer nur auf das zu achten, »was drin ist«. DNA-Analyse heißt das hier: Drin-Nutzen-Analyse. Das Verletzende einfach an die Seite schieben und das Interessante daran als Erweiterung herausfinden. Zumindest begreifen, dass Aggressive immer verletzte und ängstliche Menschen sind. Und wer jedes Mal ein Lernerlebnis daraus macht, kann daran wachsen.

Wie können Leiterinnen so Feedback geben, dass es vom Mitarbeitenden reaktanzfrei angenommen werden kann?

»Reaktanz-Freiheit« gibt es im Grunde nicht. Sie ist – und sei es nur latent – immer da. Es lohnt, Feedback und Kritik unterscheiden zu lernen: Feedback ist wie ein Apfel, in dem die Kernbotschaften saftig und zum Anbeißen lecker verpackt sind. Kritik wirkt eher wie eine Zitrone, also wenn etwas sauer aufstößt. Aber auch die braucht es für viele wohlschmeckende Gerichte. Allerdings dosiert. Beides gekonnt geben und annehmen zu lernen, ist ein wichtiger Baustein zur Weiterentwicklung. Gerade Reaktanz senkendes Reagieren will dabei gelernt sein. Sowohl von den Feedback- und Kritik-Gebenden wie von den -Nehmenden. Und das ist zentral: Ohne Außenspiegel ist Besserwerden unmöglich. Denn es braucht Hilfe von außen, um die eigene Wirkung selbst besser erkennen zu lernen. Eine optimierende Reflexions-Kultur bewirkt, dass Feedback zum fruchtbaren Ritual werden kann. Auch Kritik-Gespräche können mit Methode annehmbar werden – mit immer weniger »dickem Hals« oder »hartem Bauch«. Hier haben sich verschiedene Feedback- und

Kritik-Formen bewährt, die einfach, sportiv-spielerisch trainierbar sind.

Ein Beispiel für Feedback: Rituale nutzen. Feedback nicht zensierend in »Das war gut/das war schlecht« urteilen, sondern in »GO«: »Was hat mir **G**efallen ... und was sind **O**ptimier-Ideen/Anregungen?«.

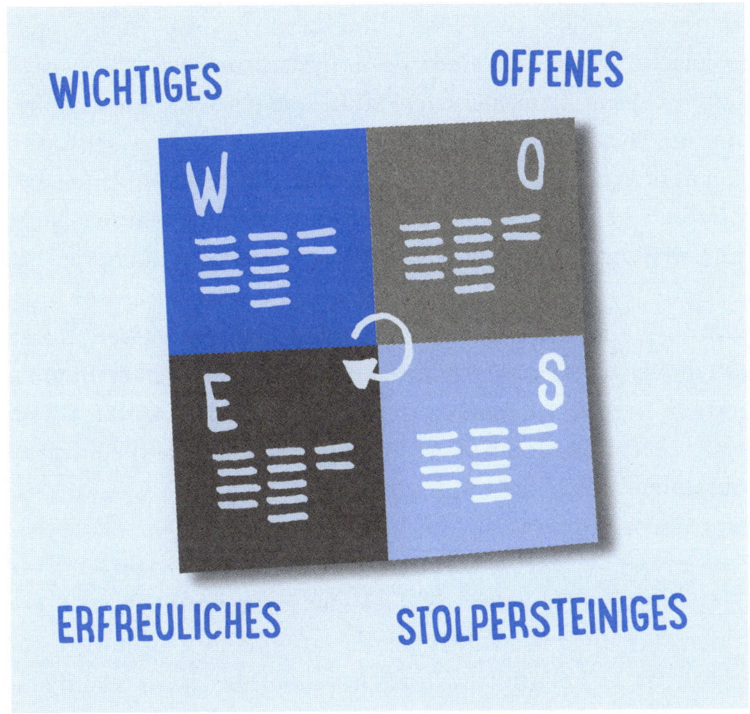

Zweites Beispiel: das **WOSE**-Feedback-Fenster.
Links oben steht **W**ichtiges.
Rechts oben **O**ffenes für Fragen/Fehlendes.
Rechts unten **S**tolpersteiniges/Schwieriges.
Links unten **E**rfreuliches/Erwünschtes.

Dabei sind die »oberen« Fensterscheiben (wichtig und offen/fehlend) fürs Hirn und die unteren (stolpersteinig/schwierig und erfreulich) fürs Herz bzw. für den Bauch. So lässt sich auch der wesentliche Unterschied zwischen Kognitivem und Emotionalem differenzieren.

Bedeutsam: Das WOSE-Feedback in der Abfolge der WOSE-Buchstaben geben. Denn die reaktanzsenkende Wirkung liegt auch in der Reihenfolge: Zuerst das Herz öffnen mit »Wichtig« – stets nur mit positiver Substanz, die ja in allem existiert. Dann kommt das, was fehlt. Und dann das, was in der Seele quietscht, direkt mit einer Lösungsidee und was meist nach etwas Übung nicht mehr reaktant, sondern vor allem dankbar macht. Und dann wertschätzend und versöhnlich schließen mit dem Erfreulichen, was Spaß gemacht hat. Wichtige Spielregel: Stets gleich viele Punkte pro Fensterscheibe nennen. Nicht nur, weil das den Blindwiderstand senkt, sondern auch, weil die Betroffenen meist tief innen selbst mehr über Verbesserungswürdiges und Störendes wissen und viel zu wenig über präzise Qualitäts-Kriterien. Die gilt es, auch selbst genau benennen zu lernen. Nicht in Allgemeinplätzen reden, sondern konkret. Also statt: »Das Interview war …« lieber sagen: »Mir hat die Frage xy besonders gefallen, weil …«

Wie können Fehler als Lernchancen begriffen werden?

Erst einmal verstehen, dass die leider noch zu unbekannte Reaktanz, die überall so alltäglich das Miteinander erschwert, zugleich etwas erstaunlich Nützliches hat. Denn wenn es im ersten Reaktanz-Impuls wie eine Art »Rauchmelder« stinkt, zeigt das ja: Da ist was dran oder drin, sonst müsste der Körper keine Energie in die Reaktanz stecken. Dann gilt es, aufgeschlossen zu agieren und zu reagieren, hinter die Reaktionen zu schauen, um etwas konstruktiv Neues daraus machen zu lernen. Wer kommunikative Kompetenzen systematisch erweitert, kann so mehr Verantwortung für die Wirkung übernehmen und mitgestaltend Einfluss nehmen – auf das eigene Verhalten und das anderer.

7 SCHLÜSSEL FÜR EIN BESSERES MITEINANDER UND IHRE CODE-SÄTZE

Die folgenden sieben Optimier-Haltungs-Sätze für den professionellen Umgang mit sich selbst und die entsprechenden sieben Schlüssel-Code-Sätze für den professionellen Umgang mit anderen sind den Büchern »Reaktanz – Blindwiderstand erkennen und umnutzen«[67] und »Hallo Ü-Wagen – Rundfunk zum Mitmachen, Erlebnisse und Erfahrungen«[68] von Carmen Thomas entnommen.

1 Zulassen statt zumachen

Erst mal neugierig zu sein, ist die Voraussetzung, um ruhig zu werden, hinzuhören und hinzusehen, um zu verstehen, was eigentlich genau los ist. So lässt sich mit schwierigen Situationen gelassen, fair und offen umgehen, um auch daraus einen Nutzen ziehen zu können.

Schlüssel-Codesatz: **»Okay, ich kümmere mich« (bei berechtigten Anregungen) oder »Okay, ich habe verstanden«** (was ja **nicht bedeutet: »Ich bin einverstanden«**).

2 Addieren statt konkurrieren

Die Einfälle der anderen als Erweiterung zum Eigenen begreifen. Es ist, als ob alle würfeln und alle Augen zusammengezählt würden. Auch wer nur eine 1 würfelt, trägt etwas bei. Unterstützen lässt sich diese Haltung durch diese Methode: Alle schreiben parallel (und damit reaktanzsenkend) und kritiklos alle Assoziationen zu einer Frage auf. In einer Minute (Timer) entstehen etwa fünf bis 15 Ideen, die addierend und kommentarfrei vorgelesen werden. Alle visualisieren ein bis drei Einfälle auf Klebezetteln, Whiteboard oder Powerpoint-Folie. Dann frei von Diskussion und Reaktanz mit dem Janus als Klärungs-Tool (siehe Abb. unten) spontan mit allen ein Ranking erstellen. Bei mehreren Favoriten anschließend mit einer Pro-UND-Kontra-Runde zum Resultat

---

67 Ebd., S. 200–205.

68 Dies.: Hallo Ü-Wagen – Rundfunk zum Mitmachen, Erlebnisse und Erfahrungen, List, München 1984.

finden (Chef/in redet zuletzt). Dann kann die Gruppe mit dem Janus zu Ende klären und/oder die zuständige Person gibt ihr Okay.

Bei voreiligem »Gefällt nicht« lautet der Schlüssel-Codesatz statt Zitronen-Gesicht und Abwertung: **»Jaaa – wie geht's noch besser?« Das bedeutet: »Ist schon ganz gut, und hier ist das Vertrauen, dass es noch besser geht.«** Einsicht: Bessere Resultate gelingen zuverlässiger in warmem Klima. Wie soll wachsen, wer klein gemacht wird?

Der Janus-Klärer

Ein praktisches Tool für eine schnelle und reaktanzsenkende Abstimmung in der Gruppe ist der »Janus-Klärer«. Alte CDs werden auf der einen Seite grün, auf der anderen Seite weiß beklebt. Alle können nun bei schnellen Fragen (»Jetzt eine Pause?«) oder längeren Diskussionen entweder die grüne Seite (»Bitte weiter« oder »Okay«) oder die weiße Seite (»Gern anders«) hochhalten.

3 Verwerten statt bewerten

Statt Schwarz-Weiß-Denke (»Das ist richtig« oder »Das ist falsch«) »Und-statt-Oder-Denke« kultivieren lernen. Stattdessen anders fragen: »Was ist daran richtig und was ist daran falsch«? Bewertungsfreier: »Was spricht dafür und was spricht dagegen?« So lassen sich auch Fehler klar, respektvoll und gesichtswahrender benennen und sofort mit Lösungsideen ausstatten. Erkennen lernen, dass alles unterschiedlich wertvoll sein kann, und dass auch im Falschesten und »Beschissendsten« noch Substanz zum Umnutzen zu finden ist. Denn die Natur macht es vor: »Dung ist Dünger«. Aber nur in warmem Klima.

Schlüssel-Codesatz: **»Was spricht dafür und was spricht dagegen?«** Er erzeugt systematische Gruppen-Klugheit und erspart Machtkämpfe. Spielregel: Jede Person spricht nur für sich, ohne andere Meinungen zu unterstützen oder ihnen zu widersprechen, um gruppendynamische Reaktanz zu senken.

4 Umnutzen statt runterputzen

Jede scheinbar noch so unsinnige Äußerung, jede Erklärung, jeder Vorfall hat irgendein Potenzial mit Substanz. So lässt sich auch aus dem größten Schrott ein Steigbügel als »Aufstiegshilfe« für innovative Einfälle und neue Wege herstellen.

Schlüssel-Codesatz für alle Anfragen, Angebote, Bitten und Forderungen: **»Ja, kläre ich.«** Klar, kurz, wertschätzend und reaktanzsenkend, weil freundlich und positiv. Dann aber auch tun.

5 »Interessiert mich« statt »Kenn ich«

Das ist die Ermutigung dazu, Bekanntes wie ein Lieblingslied zu vertiefen und sich so auf anderes einzulassen und den eigenen Horizont zu erweitern, anstatt Kreativität und Innovation im Keim zu ersticken.

Schlüssel-Codesatz: **»Ja, das bearbeitet ein Team-Mitglied (gegebenenfalls mit Namen) und berichtet.«** Dieser Satz taugt nicht nur für Menschen in Führungspositionen in Situationen, in denen mit Augenmaß zu entscheiden ist, ob Delegieren oder besser Selbstmachen angesagt ist.

6 Ahhh statt oooh

Damit Fehler zu Aha-Erlebnissen werden, braucht es eine Rückmeldekultur, die Fehler als Lernchancen begrüßt und verstehen möchte. Deshalb: Klären, was zu ändern geht, damit beim nächsten Mal interessante neue Fehler statt dieselben gemacht werden können. Motto: »*Schatzsuche statt Fehler-Fahndung*«.

Schlüssel-Codesatz: **»Ja, ich werde darüber nachdenken.«** Das sorgt in jeder Lage, auch in jeder Kritik- und Feedback-Situation, für sofortiges Luftrauslassen. Er verschafft Zeit. Er wärmt die Atmosphäre und entstresst durch sofortiges Reaktanzsenken.

7 Kopieren zum Kapieren

Steht für die Einladung, diese Sätze eine Weile schlicht zu kopieren, um bei jeder inneren Reaktanz-Anwandlung immer mehr zu kapieren, was die innere Haltungsveränderung alles bewirken kann. So auch den Originalitätsdruck zu überwinden, das Rad immer neu erfinden zu wollen. Die Einladung ist, Kommunikation genauso professionell zu trainieren wie Kunst: erst mal nachmalen oder in der Musik: nachspielen. Denn: »Meisterschaft entsteht durch Wiederholung und Vertiefung« (Laotse).

Kompostieren beim Komponieren

Es gilt, die Wirksamkeit der sieben Optimier-Haltungs- und der sieben Schlüssel-Codesätze mit den dazugehörigen sieben Tools erst einmal trainierend tiefer zu durchschauen. Dann erst das individuell Passgenauere für sich selbst besser herauskristallisieren. Motto: »Kennen in Können und Wissen in Verstehen wandeln.« Und dann weiterfeilen, besser machen und Neues für den eigenen Rahmen erfinden.

17

KONFLIKTFÄHIGKEIT UND EMOTIONEN

Ich habe einen Konflikt mit dem Konflikt. Als mir das bewusst wurde, schlich ich schon ein paar Tage um dieses Kapitel herum – es ist eines der letzten, das ich für dieses Buch schreibe. Und mir schwant auch schon, warum. Ich habe dieses Kapitel behandelt, wie ich normalerweise einen Konflikt behandeln würde: hinausgezögert und mich gewunden, es anzugehen. Ich habe mich nicht genug vorbereitet gefühlt, einen wertvollen Beitrag zu diesem Thema leisten zu können, und mir eingeredet, dass ich das Kapitel auch einfach unter den Tisch fallen lassen könnte – so wichtig ist es ja nun auch wieder nicht ...

Ein Trugschluss! Denn wer mit Menschen zusammenarbeitet und sie leitet, wird immer wieder in Situationen kommen, die Konfliktpotenzial bergen. Wer nicht in der Lage ist, Spannungen anzusprechen und Konflikte zu lösen, verliert seine Wirksamkeit. Es gibt wahrscheinlich nur wenige Menschen, die proaktiv in einen Konflikt einsteigen, ihn initiieren oder gerne streiten. Das Harmoniebedürfnis scheint Frauen besonders zu betreffen und auch die christliche Sozialisierung kann für eine gesunde Konfliktbewältigung unter Umständen hinderlich sein. Als Leiterinnen ist es allerdings unsere Pflicht, Konflikte auf eine gute Art und Weise lösen zu können. Seit ich vor ein paar Jahren auf einem K5-Seminar einen Vortrag von Referent Alex Landmann gehört habe, ist mir bewusster, warum ich Konflikte nicht zu scheuen brauche. Er sagte unter anderem diesen Satz: »Was du nicht korrigierst, das bestätigst du.« Dabei ist es egal, ob es um die Kindererziehung geht (es kann nicht jeden Morgen Eis zum Frühstück geben) oder um das Verhalten des Kollegen im Büro (der mit regelmäßiger Zuverlässigkeit unpünktlich zu Besprechungen erscheint). Als Leiterin gehört es zum Job, Korrektur zu initiieren – und damit Konflikte auszulösen. Die sind aber prinzipiell nicht negativ, sondern bergen Chancen für ein besseres, geklärteres Miteinander durch klare Grenzen. Wer den Konflikt als Chance für Lösungen betrachtet, braucht auch keine Angst vor ihm zu haben. Dafür braucht es eine Streitkompetenz, die sich im Unternehmen und in Teams entwickeln muss. Denn um Konflikte produktiv auszutragen und konstruktiv zu streiten, muss auf beiden Seiten das Anliegen bestehen, klar und hörbereit zu kommunizieren und zu Ergebnissen zu kommen, die über die eigenen Anliegen hinausgehen.[69] Damit das gelingen kann, braucht es Kritikfähigkeit – ich darf Konflikte nicht als persönlichen Angriff sehen. Das trägt dazu bei, dass Konflikte auf der Ebene gelöst werden, auf der sie entstehen. Ein Problem auf der Sachebene – wie eine inhaltliche Meinungsverschiedenheit – kann nicht auf der Beziehungsebene gelöst werden, die zunächst die Beziehungskonstellation der Gesprächspartner klären möchte.

Warum streiten wir nicht?

Es gibt viele Gründe, warum wir einem Konflikt aus dem Weg gehen. Ich glaube, dass Angst dabei ein großer Faktor ist: Angst, dass der Streit die Beziehung belastet. Angst, in den eigenen

---

69 Vgl. Louka Goetzke/Henriette Wiens: »Organisationen, die sich fetzen«, Neue Narrative, No. 6., 2019, S. 15.

Argumenten und Wahrnehmungen nicht verstanden zu werden. Angst, emotional zu werden. Angst, nicht gehört zu werden. Angst, sich verletzlich zu machen. Angst vor der inneren Spannung. Wie jemand auf Konflikte reagiert, hängt aber auch vom soziokulturellen Hintergrund ab: Wie wurde in der Herkunftsfamilie mit Konflikten umgegangen? Wurden Konflikte totgeschwiegen, nie ausgesprochen – oder immer ausdiskutiert wie bei einem klärenden Gewitter? Hat man sich aktiv versöhnt, entschuldigt und um Verzeihung gebeten – oder wurden Konflikte nie abschließend geklärt? Auch vom Persönlichkeitstyp ist abhängig, wie Konflikte ausgetragen werden. Harmoniebedürftige Menschen werden den Konflikt eher scheuen, während dominante Menschen ihn aktiv suchen, um Grenzen, Lösungen und ihren Rang zu finden.

Sofern man, der Einfachheit halber, Menschen in Kommunikationstypen – wie beispielsweise nach dem DISG-Modell – einordnet, lohnt es sich, auch den Konfliktfall genauer unter die Lupe zu nehmen, um die Reaktionen des Gegenübers besser verstehen zu können. Reagiert ein dominanter Typ wirklich aufbrausend und dominant – oder wird er unter Stresseinfluss schweigsam und zurückziehend? Ist der gewissenhafte Typ, der eigentlich eher schweigsam und friedliebend ist, plötzlich aufbrausend und explodiert?

Ein in meinen Augen weiterer Faktor für den Umgang mit Konflikten ist die eigene wahrgenommene Selbstwirksamkeit: Wer nicht glaubt, dass das Vertreten der eigenen Meinung etwas am Ausgang der Diskussion oder des Konfliktes ändert, wird sich eher damit zurückhalten. Wer einem Konflikt allerdings in gesunder Selbstwirksamkeit begegnet, also in der Gewissheit, etwas bewirken zu können, wird nicht nur ausdauernder, sondern auch einen Weg finden, ihn erfolgreich zu lösen.

Konflikte sind Emotionen

Konflikte haben immer auch mit Emotionen zu tun. Wir werden reaktant, spüren eine innere Anspannung, die Gemüter erhitzen sich, manchmal bis zur Wut. Und doch wird so getan, als seien Emotionen nur die Achilles-Sehne der weiblichen Führungskraft. »Bis heute gehören Gefühle immer noch eher in die eigenen vier Wände, wenn überhaupt, und nur vernünftige Argumente in die Öffentlichkeit und den Arbeitsplatz«, beobachten Louka Goetzke und Henriette Wiens. »Unsere Arbeitswelt ist bis heute überwiegend als emotionsfreier Raum konstituiert.«[70]

Viel ehrlicher und hilfreicher wäre es aber einzugestehen, dass wir unsere Emotionen – genau wie alles andere, was uns als Menschen ausmacht – auch mit an den Arbeitsplatz nehmen. Und genau hier liegt meines Erachtens die große Chance des »Leiten auf Weiblich«: Wir können einen Raum schaffen, der Emotionen zulässt. Der Verletzlichkeit zulässt. Der den Menschen mit seinen inneren Spannungen zulässt und aushält. Wie das auf professionelle Weise geht, zeigt Brené Brown in »Dare to Lead«. Sie empfiehlt dafür ein »rumble«, ein Rumpeln – einen bewussten, ehrlichen Austausch, in dem man sich verletzlich zeigt, um am Ende der Sache zu dienen und nicht sich selbst: »Ein Rumpeln ist eine Diskussion, ein Gespräch oder ein Treffen, bei dem sich alle verpflichten, Verletzlichkeit zu wagen, neugierig und weitherzig zu bleiben, es in der schwierigen Phase der Problemerkennung und -lösung auszuhalten, wenn es nötig ist, eine Pause einzulegen und später weiterzumachen, ohne Angst, die eigene Rolle zu übernehmen, und, wie die Psychologin Harriet Lerner lehrt, mit derselben Leidenschaft zuzuhören, mit der wir selbst gehört werden wollen.«[71]

---

70 Ebd.

71 Brené Brown: Dare to Lead – Brave Work. Tough Conversations. Whole Hearts, Vermilion/Penguin, London 2018, S. 10.

Sich verletzlich zu machen, ist ein großes Wagnis. Um das eigene Innerste zu zeigen und Gefühle zu offenbaren, braucht es Vertrauen. Und Vertrauen entsteht genau dadurch: indem wir uns verletzlich zeigen. Ein Kreislauf, den wir nur mit Mut erreichen können.[72]

Emotionen zuzulassen, ist also erwünscht – sich von ihnen kontrollieren zu lassen, allerdings nicht. »Wir müssen lernen, Gastgeber unserer Gefühle zu sein, nicht Opfer. Denn wir haben Gefühle, wir sind aber nicht unsere Gefühle«[73], sagt Kommunikationstrainer Jones Kortz. Gefühle wahrnehmen und benennen zu können, ist für viele schon ein großer Schritt. Ich kann jedenfalls manchmal nicht genau erkennen, ob ich gerade eher unzufrieden oder missmutig bin – oder einfach nur Hunger habe. Allerdings dürfen unreflektierte und unreif ausgelebte Emotionen nicht als Ausrede für unreifes Verhalten verwendet werden: Ein Chef, der wütend die Belegschaft zusammenstaucht, sobald etwas nicht seinen Vorstellungen entspricht, darf das nicht mit seiner Position rechtfertigen. Ein verantwortungsvoller Umgang wäre, Wut anzuerkennen und zu klären, wo sie ihren Ursprung hat.[74] Wenn die Emotionen doch mal hochkochen, ist es weise, das Meeting oder das Gespräch zu unterbrechen, auf einen späteren Zeitpunkt zu vertagen und mit weniger frischen Emotionen (und klarem Kopf) nochmals aufeinander zuzukommen.

Wie man streiten lernt

Richtig streiten ist erlernbar. Dafür gibt es hilfreiche Tools wie beispielsweise die »Gewaltfreie Kommunikation« (GFK) nach

---

72 Ebd., S. 30.

73 Jones Kortz: »Führungskräfte der Zukunft brauchen emotionale Agilität«, Neue Narrative, No. 3, 2018, S. 47.

74 Ebd., S. 44.

Marshall B. Rosenberg.[75] Ihr zufolge helfen vier Schritte:

1. Beobachtung: Wie ist die Situation?
2. Gefühl: Welches Gefühl löst das in mir aus?
3. Bedürfnis: Was ist mein dahinterliegendes Bedürfnis?
4. Bitte: Was könnte helfen, die Situation zu entspannen?

Rosenberg hat dazu diese einfachen Merksätze formuliert:
Wenn ich *a* sehe *(Beobachtung)*,
dann fühle ich *b* *(Gefühl)*,
weil ich *c* brauche *(Bedürfnis)*.
Deshalb möchte ich jetzt gern *d* *(Bitte)*.

10 Orientierungshilfen bei schwierigen Gesprächen nach Thomas Härry

In seinem Buch »Von der Kunst, andere zu führen«[76] beschreibt der Pastor und Dozent Thomas Härry wunderbar, wie er schwierige Gespräche führt und sich auf sie vorbereitet.[77]

1 Vorbereitung

- Genügend Zeit dafür nehmen
- Ziele für das Gespräch festlegen
- Zentrales Anliegen formulieren
- Eigene Interessen und die des Gesprächspartners identifizieren
- Wege finden, sie zu berücksichtigen
- Verhaltensweisen bewusst machen, die ich vermeiden will
- Gebet

---

75 Marshall B. Rosenberg: Gewaltfreie Kommunikation – Eine Sprache des Lebens, Junfermann, Paderborn 2016[12].

76 Thomas Härry: Von der Kunst, andere zu führen, SCM, Witten 2015[3].

77 Die Punkte sind hier verkürzt wiedergegeben. Sie finden sich in Thomas Härrys Buch auf den Seiten 219–221.

❷ Bestätigung ausdrücken

- Der Person ehrlich versichern, nicht gegen sie zu sein, sondern für sie
- Fokus auf den zu besprechenden Punkt legen

❸ Das Problem nennen und zuhören

- Kurz und klar das Problem formulieren
- Nach Gründen fragen und zuhören

❹ Zum Thema zurücklenken

- Gegenwehr, Rechtfertigung oder Ablenkung zulassen
- Jedoch freundlich beim Thema bleiben

❺ Erwartung formulieren

- So konkret wie möglich anhand der vorher gemachten Notizen aufzeigen, was sich ändern soll
- Durch Nachfragen sicherstellen, dass alles richtig verstanden wurde

❻ Unterstützung anbieten

- Feedback, Hilfe, Ressourcen anbieten, um die Veränderung vornehmen zu können

❼ Fest bleiben, ruhig bleiben, bei der Sache bleiben

- Freundlich, klar und fokussiert bleiben – auch, wenn das Gegenüber emotional wird oder Vorwürfe macht

❽ Nächste Schritte vereinbaren

- Konkrete und lösungsorientierte Schritte festlegen
- Termin zur Auswertung der Entwicklung ausmachen

9 Eigene Auswertung

- Anschließend notieren: Was war gut, was weniger gelungen?
- Ggf. beim Gesprächspartner entschuldigen (mündlich, nicht per E-Mail!)

10 Seele regenerieren

- Etwas tun, das entspannen hilft und den Kopf freimacht

Spannungsbasiertes Arbeiten

Nicht jeder Konflikt wird zwischen zwei oder mehreren Parteien ausgetragen. Auch innere Spannungen, die nicht zwingend nach außen kommuniziert werden, können zu Konflikten für das ganze Team werden. Dabei sind solche inneren Spannungen erst einmal einfach da und müssen nicht negativ bewertet werden: »Eine Spannung ist nach unserem Verständnis jeglicher Unterschied zwischen dem, was ist, und dem, was sein könnte«, beschreibt es die Redaktion des alternativen Wirtschaftsmagazins »Neue Narrative«. »Alle Menschen tragen ständig Spannungen in sich, beispielsweise in Form von Ideen, Fragen oder Emotionen. All diese Spannungen können als Treibstoff der Veränderung genutzt werden, indem sie über proaktives Handeln in kleine Veränderungen übersetzt werden.«[78] Solch eine Spannung könnte also Unmut über eine Aufgabe sein, bei der man nicht weiterkommt oder für deren Beendigung es weitere Informationen braucht. Konfliktpotenzial und Frust können also schon entschärft und bearbeitet werden, noch bevor sie zum eigentlichen »Ausbruch« kommen. Diese Spannungen müssen zunächst von demjenigen, der sie spürt, bewusst wahrgenommen und benannt werden. Wer diese Spannungen

---

78 Neue Narrative: »Spannungsbasiertes Arbeiten«, Neue Narrative Nr. 6, 2019, S. 104–105.

als einen wichtigen Hinweis ansehen kann, findet meist auch erste Lösungsansätze. Innerhalb eines Gesprächs kann diese Spannung, die eine Person empfindet, mithilfe einer einfachen Frage gelöst werden (kein ausgeklügeltes System nötig): »Was brauchst du?«

Die Redaktion hat Handlungswege identifiziert, die dann eingeschlagen werden können: »Manche Spannungen lassen sich lösen, indem eine Information geteilt wird (‚Ich muss jetzt einfach mal loswerden, dass …'), manche werden gelöst, indem jemand anderes eine Information beisteuern kann (‚Ich müsste noch wissen, wann/ob/wie …'). Wieder andere Spannungen machen eine Handlung erforderlich (‚Es würde mir helfen, wenn du Folgendes für mich tun könntest'), in Form eines komplexeren Ergebnisses oder gar durch eine Strukturveränderung, eine neue Verantwortlichkeit oder eine Regel, die für alle gilt.«[79]

5 HANDLUNGSWEGE BEI INNEREN SPANNUNGEN

1. Informationen mitteilen (etwas loswerden müssen)
2. Informationen bekommen (etwas wissen müssen)
3. Um Unterstützung bitten (Hilfe oder Zuarbeit brauchen)
4. Komplexe Veränderung in Gang setzen (z. B. ein neues Projekt zur Bewältigung der Aufgabe oder eine strukturelle Veränderung)
5. Neue Erwartungen formulieren (neue Rolle oder neue Regeln, die für alle gelten)

Das kann ganz praktisch in den Arbeitsalltag integriert werden: Die Redaktion von »Neue Narrative« hat einen sogenannten »Spannungsspeicher« zu Beginn jedes Meetings eingeführt – ein Ort, an dem erst mal alle Spannungen mittels Post-its, Zetteln, Flipchart oder digital gesammelt und vorerst zurückgestellt

79 Ebd., S. 105.

werden, bis sie beantwortet werden können. »So muss niemand eine Spannung bei sich behalten und möglicherweise frustriert durch das Meeting schleppen. Alle Spannungen werden zum gegebenen Zeitpunkt gelöst.«[80]

Wenn ein Konflikt gar kein Konflikt ist

Wie wichtig es auch im Konfliktfall ist, welche Grundannahme ich über mein Gegenüber habe und mit welcher Haltung ich durch den Führungsalltag gehe, durfte ich vor ein paar Monaten mit einem meiner Chefs erleben. Bei der Arbeit an einem Projekt fühlte ich mich übergangen und ärgerte mich darüber. Ich hatte mir auch einige Vermutungen zurechtgelegt: War ich doch zu jung, zu unerfahren, vertraute er meinen Fähigkeiten nicht? Passierte mir das, weil ich eine Frau war? Diese innere Spannung trug ich (über ein paar freie Tage) mit mir herum. Doch dann erinnerte ich mich an die Schlüsselsätze zur Reaktanz von Carmen Thomas und nahm mir vor, ihn direkt, interessiert und ohne Vorwürfe danach zu fragen, warum er mich in dieser Sache außen vorgelassen hatte: War es Absicht gewesen oder wollte er mir Arbeit abnehmen? Als wir uns das nächste Mal sahen, sprach ich ihn darauf an. Seine Reaktion fiel anders aus, als ich erwartet hatte: Er war erstaunt und hatte das, was mich da so beschäftigte, gar nicht bemerkt. Er habe auch kein Problem mit meiner Leistung, versicherte er mir.

Ich war froh, ihn auf diese Weise angesprochen zu haben. Wäre ich in sein Büro gestürmt und hätte darauf gedrungen, mir als Marketingleiterin zu vertrauen und mich meine Arbeit machen zu lassen, wäre das der Angelegenheit nicht gerecht geworden und völlig überzogen gewesen. Doch wenn wir ehrlich sind, müssen wir uns eingestehen: Oft gehen wir direkt vom Schlimmsten aus, sehen bewusste Benachteiligung und Diskri-

---

80 Ebd.

minierung. Ein Kollege, der in jungen Jahren eine Führungsposition übernommen hatte, sagte einmal: »Man muss sich nicht immer gleich diskriminiert fühlen. Manchmal steckt gar nichts dahinter. Das geht übrigens allen Greenhorns so – auch Männern.« Ich bin froh, dass ich meine innere Spannung und Reaktanz richtig nutzen konnte und mich dazu entschieden habe, diesem Konflikt mit Interesse zu begegnen. Ich hätte mich auch dazu entscheiden können, ihn gar nicht anzusprechen und meine eigene Wahrnehmung kleinzureden (»Ach, war doch gar nicht so schlimm«) und alles einfach auf sich beruhen zu lassen. Doch erst die Konfrontation hat mir die Möglichkeit geschenkt, von da an wieder ganz unbeschwert und fröhlich meine Arbeit zu tun.

TEIL 4

ERKENNE DEINE SPIRITUALITÄT

»Ich kann zwar auch ohne Gottesbezug eine gute Leiterin sein – aber ich bin eine noch bessere mit ihm an meiner Seite. Und die werde ich, indem ich mich täglich darin übe, meine Kraft dort zu empfangen, wo sie unbegrenzt und umsonst ist: bei Gott.«

Es mag merkwürdig anmuten, dass ein Buch über Führung nicht nur Management-Weisheiten beinhaltet, sondern auch die geistliche Ebene anspricht. Für mich ist das ganz selbstverständlich, weil dieser Bereich ein wichtiger Teil meines Lebens ist – die Basis sogar. Vielleicht geht dir das auch so, vielleicht ist es für dich aber auch ganz ungewohnt. Dann hab Geduld mit mir – ich werde dir erklären, warum ich der festen Überzeugung bin, dass Spiritualität enorm wichtig ist für dich in einer Führungsrolle.

In den letzten Kapiteln hast du mich ein wenig kennengelernt.

Leider weiß ich noch nicht viel über dich (lass uns das doch ändern! Im Anhang steht, wie du mich auf den sozialen Netzwerken erreichen kannst.) Deswegen weiß ich nicht, ob du auf Berührungspunkte mit dem christlichen Glauben zurückgreifen kannst oder nicht. Ich persönlich glaube, dass der Gott der Bibel real ist. Ich habe ihn in vielen kleinen und größeren Erlebnissen erfahren – inklusive der tiefen Vergebung, Freude und Freiheit, wie es nur ein Leben mit Gott mit sich bringt. Ein Leben mit Gott schenkt Perspektive und Sinn – und eine Zukunft, die weit über meine Lebenszeit hinausgeht.

Ich glaube an einen liebenden Schöpfer, der mich bewusst und gewollt erschaffen hat. Wenn Gott sich aber die Mühe macht, mich zu erschaffen, dann wird er auch sicherstellen, mich während meiner Lebenszeit zu begleiten. Meine Aufgabe als Leiterin ist dabei keine Ausnahme. Ich habe erlebt: Ich kann zwar auch ohne Gottesbezug eine gute Leiterin sein – aber ich bin eine noch bessere mit ihm an meiner Seite. Und die werde ich, indem ich mich täglich darin übe, meine Kraft dort zu empfangen, wo sie unbegrenzt und umsonst ist: bei Gott.

Das ultimative Leadership-Tool

Es wird Situationen geben, auf die dich kein Leadership-Buch der Welt vorbereiten kann. Situationen, in denen du am liebsten das Handtuch werfen würdest. In denen du vor eingefahrenen Situationen oder uneinsichtigen Gesprächspartnern stehst, jemandem kündigen musst oder selbst freigestellt wirst. Situationen, in denen du unliebsame Entscheidungen treffen musst, die die Zukunft des Unternehmens oder deiner Mitarbeitenden verändern werden. Situationen, in denen die Last der Verantwortung schwer wiegt und es dich Überwindung kostet, zur Arbeit zu gehen. Situationen, in denen du kraftlos und mutlos bist. Da hilft auch das schönste Bubblebad nichts mehr. Da helfen nur noch der Heilige Geist und göttliche Führung. Ist es nicht entlastend zu wissen, dass wir nicht alles alleine tragen müssen?

Was der Heilige Geist tut

Er schenkt mir Worte, wenn ich keine mehr finde: »Wissen wir doch nicht einmal, wie wir beten sollen, damit es Gott gefällt! Deshalb tritt Gottes Geist für uns ein, er bittet für uns mit einem Seufzen, wie es sich nicht in Worte fassen lässt« (Römer 8,26 HFA).

Er schenkt mir Frieden. Gerechtigkeit. Freude (vgl. Römer 14,17 NGÜ).

Außerdem Geduld, Liebe, Freundlichkeit, Güte, Treue, Sanftmut und Selbstbeherrschung (Galater 5,22–23 NLB).

Er ist mein Helfer: »Der Heilige Geist, den euch der Vater an meiner Stelle als Helfer senden wird, er wird euch alles erklären und euch an das erinnern, was ich gesagt habe« (Johannes 14,26 HFA).

In meinen Schwächen steht er mir zur Seite: »Dabei hilft uns der Geist Gottes in all unseren Schwächen und Nöten« (Römer 8,26 HFA).

Er ist mein Kompass – er bestätigt oder korrigiert: »... und der Heilige Geist bestätigt es mir durch mein Gewissen« (Römer 9,1 NLB).

All das, was der Heilige Geist mit sich bringt, ist die »Secret Sauce« in meinem Führungsalltag, die geheime Würze, mein Allzweckwerkzeug. Und um das darf ich täglich neu bitten.

18

SPIRITUALITÄT: INSPIRIERT LEBEN

Wie lebt es sich inspiriert? Wie sieht ein Alltag aus, der »geistgeleitet« ist? Und was ist »geistliche Leiterschaft« eigentlich? Verändert sich die Beziehung zu Gott, wenn man selbst eine Leitungsposition einnimmt? Wie kann mir ein Ruhetag bei meiner Seelenhygiene helfen und wo ist der Unterschied zu Supervision? Über all diese Fragen, über Seelenhygiene und Reflexion, über Ruhe und Sabbat habe ich mich mit Cornelia Otto unterhalten. Sie hat über ein Jahrzehnt einen Kindergarten in Berlin geleitet und war immer in einer Kirchengemeinde engagiert – der Glaube war ihr dabei in vielen Situationen Hilfe und Stütze.

CORNELIA OTTO (37) hat Sozialpädagogik/Soziale Arbeit an der Alice-Salomon-Hochschule Berlin studiert und im Alter von 23 Jahren eine Kindertagesstätte in Berlin aufgebaut und sie danach über elf Jahre lang geleitet. Jetzt arbeitet sie an einer christlichen Schule in Hamburg.

Welchen Stellenwert haben Spiritualität bzw. der Glaube an Gott in deinem Leben und Arbeiten? Warum ist es für dich wichtig, Spiritualität auch in dein Arbeitsleben zu integrieren?
Mir ist es wichtig, ganzheitlich zu leben. Deswegen muss ich meinen Glauben gar nicht in mein Arbeitsleben integrieren, weil ich einen Lebensstil führen möchte, der von Glauben geprägt ist. Zum einen, weil er mir in meinem persönlichen Leben Halt gibt; zum anderen, weil er eine Antwort auf viele Fragen im Alltag der Kinder und Mitarbeiterinnen und Mitarbeiter sein kann. Außerdem finde ich christliche Werte wie Respekt, Nächstenliebe, Vergebung oder Fürsorge für ein gutes Miteinander in unserer Gesellschaft sehr wichtig. Diese Werte kann man jederzeit leben – auch, wenn man nicht offen von seinem christlichen Glauben erzählen kann. Mit dem Wert Ehrlichkeit wird man beispielsweise sehr stark konfrontiert, wenn am Arbeitsplatz viel gelästert oder schlecht geredet wird. Meine Einstellung ist dabei immer: Ich werde nicht lästern, auch wenn es andere tun. Auch daran merken Mitarbeitende, dass man anders handelt. Durch mein Verhalten, durch die Fragen, die ich stelle,

und durch meine Haltung kann ich sehr stark beeinflussen, ein Vorbild sein und diese Werte leben.

Was ist geistliche Leiterschaft für dich und wie kann das in einem Unternehmen aussehen? Trägt eine Leiterin auch in diesem Bereich Verantwortung für ihre Mitarbeitenden?
Geistliche Leiterschaft bezieht sich aus meiner Sicht auf jeden Fall auch auf die wirtschaftlichen Aspekte – man muss ein Unternehmen oder eine Einrichtung wirtschaftlich führen und die Finanzen weise einsetzen. Das mag vielleicht floskelhaft klingen, aber ich bete auch dafür, weise Entscheidungen zu treffen und mache diese im Team transparent. Im geistlichen Bereich habe ich als Leiterin auf jeden Fall Verantwortung für meine Mitarbeitenden. Egal, was du leitest – ob es die Geschäftsführung ist oder eine Abteilung –, du hast als Vorbild eine enorme Verantwortung. Die Leute schauen genau hin: Manipulierst du oder bist du integer und handelst so, wie du es sagst?

Würden sich deine Mitarbeitenden als Christen bezeichnen oder nicht? Was war dir da wichtig?
Sowohl als auch. Mir war wichtig, dass Glaube für sie attraktiv und alltagstauglich ist. Und wo sehen sie den Glauben? An mir! Dabei ist es natürlich auch wichtig, offen zu sein und Freiheit vorzuleben. 95 Prozent der Kinder, die bei uns in den Kindergarten gingen, kamen aus nichtchristlichen Elternhäusern und brachten teilweise ein angstmachendes Gottesbild mit. Sie sollten bei uns eine positive Erfahrung machen und einen Gott kennenlernen, der sie liebt, der immer da ist und zu dem sie mit allem kommen können. Das Gleiche gilt für die Mitarbeitenden. Es steht mir als Leiterin nicht zu, zu verurteilen. Ich gebe einen klaren Rahmen vor, indem ich einen respektvollen und ehrlichen Umgang einfordere. Es ist aber auch wichtig, sich hinterfragen zu lassen. Auch wir als Christen haben nicht auf alles eine Antwort, haben ganz viele Fragen. Für mich ist das

Stichwort Nächstenliebe ein Herzensanliegen von Jesus. Er hat nicht verurteilt. Er hat zwar Fragen gestellt, an denen gewisse Schwachpunkte offenbar geworden sind, und auch mal auf den Tisch gehauen, aber trotzdem hatte er immer einen liebenden Blick auf das Gegenüber. Einen wohlwollenden Blick auf die Mitarbeitenden zu haben und jeden Einzelnen mit seinen Stärken zu sehen, ist auch für uns wichtig.

Wovon sollte geistliche Leiterschaft in deinen Augen geprägt sein?

Von Echtheit und Authentizität. Leiter und Leiterinnen sollten auch über Probleme und Herausforderungen sprechen, sich hinter die Fassade schauen lassen: Womit sind sie herausgefordert, was bereitet ihnen vielleicht schlaflose Nächte? Als ich mit 23 Jahren als Leiterin begann, dachte ich immer, ich müsste mein Team schützen und dürfte sie nichts von den Problemen wissen lassen, da ich sie sonst demotiviere oder in meiner jungen Leitungsrolle an Macht und Ansehen verliere. Das ist grundsätzlich auch nicht falsch – das Team muss nicht immer alles wissen, da haben wir als Leitung auch Verantwortung. Dennoch ist es wichtig, Herausforderungen zu benennen, vielleicht gemeinsam zu beten und Gott zu suchen. Mit einem ehrlichen Herzen und nicht manipulativ.

Hattest du Vorbilder?

Zu Beginn meiner Tätigkeit habe ich nach Vorbildern gesucht und gemerkt, dass ich an geistliche Leiterinnen und Leiter einen sehr hohen Anspruch habe, der teilweise unerreichbar ist. Auch geistliche Leiter sind Menschen und machen Fehler – das war für mich eine der wichtigsten Erkenntnisse. Eine gesunde Fehlerkultur ist ein wichtiger Baustein einer geistlichen Führungskraft. Wenn die Leiterin als Vorbild vorangeht und Fehler als Chance zur Weiterentwicklung sieht, schafft sie eine Atmosphäre, die es Mitarbeitenden ebenfalls ermöglicht, Fehler anzusprechen. Niemand ist perfekt und auch ich als Leiterin muss es nicht sein. Dennoch sollte das Ziel eines geistlichen Leiters immer die Weiterentwicklung der eigenen Beziehung zu Gott sein.

Wie bleibst du in einem hektischen Alltag inspiriert? Wie suchst und findest du Nähe zu Gott?

Ich glaube, die Antwort steckt schon in deiner Frage: Gott immer wieder zu suchen und still vor ihm zu werden. Wir Christen sitzen immer wieder der Lüge auf, etwas tun zu müssen, z. B. zum Gottesdienst gehen oder mehr beten. Und oftmals denken wir dann, dass das noch nicht reicht. Dabei ist das, was am einfachsten scheint, auch die Lösung: endlich ruhig und still zu werden. Ich denke dabei oft an den Bibelvers »Seid stille und erkennet, dass ich Gott bin!« (Psalm 46,11 LUT). Das ist für mich als lebendige und quirlige Persönlichkeit sehr herausfordernd. Doch in dieser Zweisamkeit spricht Gott zu mir und lässt mich seine Zusagen hören und an seinen Gedanken über die aktuelle persönliche Situation teilhaben. Das ist in meinen Augen die wichtigste Kraftquelle. Natürlich kenne ich auch Zeiten, in denen Gott nicht spricht – keine einfache Zeit, die ich dennoch versuche auszuhalten. Er wird sich zeigen, das hat er versprochen.

Darüber hinaus gibt es viele verschiedene Möglichkeiten, um inspiriert zu leben: eine feste »Stille Zeit« in den Tagesablauf integrieren, Predigten oder Podcasts hören, Bibel lesen, Lobpreis, Austausch in einer Kleingruppe, Gebets-Paten. Mein persönlicher Favorit ist ein Gebetstagebuch, in das ich meine Gedanken niederschreibe. Es ist für mich die einfachste Möglichkeit, mit Gott ins Gespräch zu kommen. Im Rückblick sehe ich dann, wo und wie er eingegriffen hat. Für jemand anderen kann das sein, in die Natur zu gehen. Wichtig ist, Gott wirklich zu suchen und nicht aufzuhören, wenn man nichts hört oder alles uninspiriert scheint. Hier ist Dranbleiben das Stichwort: regelmäßig die Stille suchen und sich von Gott zeigen lassen, wie man ihm mehr Raum geben kann, damit er diesen füllt.

Hast du die Erfahrung gemacht, dass Gebet und Fürbitte dich in der Leitungsaufgabe gestärkt haben?

Oh jaaa. Gebet ist für mich wie eine Hängematte, in die ich mich fallen lassen kann und getragen werde. Dazu muss ich sagen, dass ich wirklich gern bete und ich gemeinsame Gebetszeiten mit Lobpreis sehr genieße und Gott in diesen Zeiten besonders stark erlebe. In meiner Zeit in Berlin hatte ich einen großartigen »Hauskreis«, eine feste kleine Gruppe aus engagierten Christen, in der wir sehr viel Gemeinschaft genossen und Gott im Alltag erlebt haben. Wir trafen uns wöchentlich und haben für Anliegen gebetet und darüber ausgetauscht. Das hat mich sehr gestärkt und vor allem immer wieder neuen Mut für Krisen und Herausforderungen gegeben. Ich glaube, ohne den Hauskreis wäre ich durch manche Herausforderung nicht durchgetragen worden. Da einige Mitglieder ebenfalls in Führungs- oder Leitungspositionen tätig waren, konnten hier Dinge vertraulich besprochen und »bebetet« werden. Einige Freundschaften sind in dieser Zeit entstanden und halten bis heute. Da ich jetzt in Hamburg wohne, beten wir dann auch mal via Telefon oder Zoom. Das gemeinsame Gebet hat so eine Power – besonders, wenn man als Leiterin selbst mal nicht in der Lage ist zu beten.

Neben dem Hauskreis, der aus Männern und Frauen bestand, hast du aber noch einzelne Frauen, die mit dir unterwegs sind – als eine Art Sisterhood?

Meine Sisterhood finde ich in einzelnen Beziehungen von Freundinnen – wir praktizieren Gebet alle sehr unterschiedlich, aber das gemeinsame Gebet gibt mir Kraft. Jesus hat versprochen: »Wo zwei oder drei in meinem Namen zusammenkommen, bin ich unter ihnen« und das erlebe ich in diesen Zeiten des Austauschs und Gebets sehr stark. Einer Freundin muss ich mich gar nicht erklären, ich schreibe beispielswiese nur: »Ich brauche gerade dein Sturmgebet« und ich weiß, sie bestürmt Gott um dieses Anliegen. Das tut so gut.

Welche Rolle spielen Gebet und Fürbitte für dich als Leiterin?

Ich weiß, dass einige das Gebet eher als Monolog, Einbahnstraße und schwieriges Thema erleben. Befremdlich ist für mich trotzdem, dass das Gebet oftmals eher als ein Agendapunkt gesehen wird, den man abarbeiten muss oder der sich in christlichen Kreisen so gehört. Dabei ist Gebet so viel mehr: Es ist der direkte Kanal zu unserem himmlischen Vater, die Möglichkeit, mit ihm ins Gespräch zu kommen. Hier findet ein aktiver Austausch beider Seiten statt. Einige Jahre habe ich mit einer Kollegin regelmäßig für die Anliegen der Kita, für Kinder, Kolleginnen und Kollegen gebetet und es war einfach toll mitzuerleben, wie Gott diese Zeit gesegnet und uns beschenkt hat.

Ich bin seine geliebte Tochter. Immer. Daran ändert auch meine Position als Leiterin nichts. Ich bin nicht mehr oder weniger Wert in Gottes Augen als andere. Als seine Tochter kann ich mit allem zu ihm kommen. Ich habe als Leiterin meine eigenen Grenzen und Begrenzungen noch viel mehr kennengelernt und bin dadurch eher demütig im Hinblick auf meine Leitungsverantwortung geworden.

Fällt es dir schwer, dich auch als Leiterin führen zu lassen, nichts leisten zu müssen und die Kontrolle abzugeben?

Das war wirklich ein Prozess. Gerade zu Beginn fiel es mir schwer, die Kontrolle abzugeben. Ich hatte anfangs die Intention, dass ich das ja für Gott mache. Deshalb wollte ich es nicht nur gut machen, sondern sehr gut – und so arbeitet man vielleicht mehr, als man sollte: am Wochenende oder unter der Woche habe ich Überstunden geschrubbt. In dieses Fahrwasser kommt man sehr schnell und muss wirklich gut aufpassen, dass man nicht krank wird. Gott hat mich durch verschiedene Situationen an den Punkt geführt, an dem ich merkte: Ich kann hier gar nichts mehr drehen oder beeinflussen. Ich musste loslassen. Es hat mehrere Jahre gedauert, bis sich mein Denken verändert hat: »Ich mach das nicht *für* ihn, sondern ich mache das *mit* ihm.« Hier ist nur ein kleines Wort vertauscht, aber das macht einen riesigen Unterschied – und es nimmt enorm viel Druck raus aus der Leitungstätigkeit.

Hat sich deine Gottesbeziehung verändert, seitdem du Leiterin bist?

Da ich sehr jung in die Leitungstätigkeit gestartet bin, hat sich meine Gottesbeziehung dadurch ganz klar verändert. Vieles habe ich in bestimmten Situationen nicht verstanden und war ungnädig mit anderen, aber vor allem mit mir selbst. Ich würde sagen, mir ist auf einer noch viel tieferen Ebene gezeigt worden, dass er die Kontrolle hat und ich ihm noch mehr vertrauen darf – auch bei den ganz kleinen Dingen. In meiner fast zwölfjährigen Erfahrung als Leiterin gab es immer wieder ganz neue Herausforderungen, über die ich keine Kontrolle hatte. Natürlich sollen wir auch aufstehen, losgehen, aktiv werden – das will ich gar nicht von der Hand weisen. Wir sollen nicht nur immer mit offenen Händen dasitzen, in die Gott alles hineinlegen soll. Wir haben auch eine Verantwortung.

Du sprichst manchmal von »Seelenhygiene«. Warum ist sie wichtig?

Seelenhygiene ist ein spannendes Wort, vielleicht etwas veraltet. Es umfasst aber ein wichtiges Thema, das in der täglichen Arbeit einer Führungskraft leicht zu kurz kommt. Seelenhygiene ist ja eigentlich, mal alles abwerfen zu können, was mich beschäftigt und beschmutzt – eigentlich steckt da auch Vergebung drin. Ich würde »Seelenhygiene« heute eher als christliche Seelsorge bezeichnen. Die kann zum Beispiel das Gebetsteam in der Gemeinde leisten (das zur Verschwiegenheit verpflichtet ist) oder externe christliche Seelsorger, die einen objektiven Blick haben. Für mich ist auch das Abendmahl Seelenhygiene: Dort wird mir auch oft bewusst, was noch an mir klebt, was Gott aber eigentlich wegnehmen möchte.

Welchen Stellenwert spielt für dich die persönliche Reflexion?

Damit eine Leitungskraft stark und widerstandsfähig bleibt, bedarf es regelmäßiger Reflexion. Aus meiner Sicht ist das Betrachten und Überdenken des eigenen Handelns ein Baustein, der im Leitungsalltag am meisten vernachlässigt wird. Zur Rückschau braucht es Zeit, die oftmals nicht da ist. Auf professioneller Ebene würde ich von Supervision sprechen: Mit Fachpersonen werden Arbeitsabläufe und der eigene Führungsstil reflektiert und bearbeitet. Dank meines Studiums, in dem wir in den Praxissemestern Supervision zur Verfügung gestellt bekamen, lernte ich diese Reflexionsmöglichkeit kennen und schätze sie sehr. Supervision ist übrigens nicht mit therapeutischen Methoden zu verwechseln. Besonders als junge Führungskraft fand ich die Supervision sehr hilfreich in der Entwicklung meiner eigenen Professionalität. Eine erfahrene und kompetente Supervisorin steht mir bis heute zur Seite. Durch ihre Fragen und den objektiven Blick, den sie auf meine Situation hat, komme ich zu neuen Lösungen und Antworten.

Als Leitung ist man in einer Sandwichposition zwischen Geschäftsführung und Team. Man muss Vorgaben an das Team weitergeben und durchsetzen und gleichzeitig auch das Team im Blick haben. Als Leitung stehst du, auch wenn dein Team noch so gut ist, dennoch allein und du bist für die Leitung verantwortlich. Und das muss auch mal mit einem Außenstehenden besprochen werden. Dabei geht es unter anderem um Themen wie Work-Life-Balance. Du willst gute Leistung bringen – aber als Leitung stehst du in der Verantwortung und musst genauso gut für dich selbst sorgen. Und das wird oftmals abgetan. Aber um wirklich gut leiten zu können, muss ich auftanken und sicherstellen, dass ich genug Kraft habe. Manchmal geht das auf der Strecke einfach verloren und dann ist es gut, wenn so eine externe Person noch mal nachfragt: »Was tun Sie denn gerade für sich? Wo laden Sie Ihre Akkus wieder auf?«

Es gibt diese Tendenz, die eigenen Bedürfnisse zu verleugnen, weil damit Stärke assoziiert wird. Strebt der, der viel arbeitet und keinen Urlaub nimmt, nur nach einer Form von Bewunderung?

Oft sind wir so geprägt, dass es egoistisch ist, an sich zu denken oder etwas für sich zu machen. Da findet zum Glück schon länger ein Umdenken statt. Du musst dich selbst auch wichtig nehmen, denn die anderen sehen ja auch, wie du mit dir umgehst. Mir war immer wichtig, dass meine Mitarbeitenden nicht krank zu Arbeit kommen. Wenn sie Urlaub haben, haben sie Urlaub. Das heißt, sie sind nicht verfügbar. Das heißt, ich werde sie nicht anrufen. Das ist leicht, Mitarbeitenden zu sagen, aber ich muss es für mich selbst genauso halten, sonst bin ich unglaubwürdig. Das habe ich am Anfang gar nicht so verstanden, aber da haben wir auch eine Verantwortung.

Der Ruhetag, in der Bibel auch Sabbat genannt, ist grundsätzlich ein Tag in der Woche, an dem man auch zur Ruhe kommt und die Seele baumeln lässt. Wie verbringst du diesen Tag?

An diesem Tag in der Woche lade ich meine Akkus auf und nehme mir Zeit, um in Ruhe runterzufahren. Ich erledige keine Todos. Jetzt, da ich mit meinem Mann in Hamburg wohne, fahre ich super gern an die Ostsee und lasse mir frischen Wind um die Nase wehen. Wir tun uns was Gutes – vielleicht mit richtig leckerem Essen. Oder ich liege auch mal nur auf der Couch und lese, verbringe Zeit mit Familie und Freunden. Ich bemühe mich jedenfalls, nichts zu tun, was mich gedanklich in die Arbeit bringt. Das ist richtig schwer – oft kreisen die Gedanken so im Karussell, dass man manchmal gar nicht so richtig runterkommt. Das fällt mir tatsächlich leichter, wenn ich wegfahre. Was mir auch sehr gut hilft: einen Tag vor dem eigentlichen Ruhetag alle Gedanken über die Arbeit oder anstehende Aufgaben auf einen Zettel oder in ein Notizbuch schreiben. Dann geht es nicht verloren oder vergessen, aber ich kann gedanklich abschalten.

ABSCHLUSSWORTE

Führung ist ein Privileg und eine Verantwortung. Ebenso, wie dich auf diesem Weg des Leitens ein Stück begleitet haben zu dürfen – und sei es nur auf dem Papier. Es ist ein Weg des Lernens, Ausprobieren, Hinfallens, Aufstehens, Weitermachens. Ein Weg, bei dem ich mir manchmal eine Abkürzung wünschen würde. Doch ich habe realisiert: Die Suche nach einer Abkürzung ist so effektiv wie die Abkürzungen im Gang-Labyrinth von IKEA, wenn man sich nicht auskennt: Am Ende landet man doch nicht da, wo man eigentlich hinwollte.

Ich hoffe, dass dir dieses Buch dabei hilft, deinen eigenen Führungsweg mutig zu gehen. Dass du mit Freude weiblich leiten kannst – so, wie es zu dir passt. Ich wünsche dir, dass du dich nicht einschüchtern lässt von der lauten und ruppigen Welt, sondern ganz bei dir und Gott bist – und du dort Bestätigung und Korrektur erfährst. Ich wünsche dir, dass du deine Führungsaufgaben in Liebe gestalten kannst – mit Wertschätzung, Respekt, Nähe, Verletzlichkeit und Professionalität. Dass die Menschen, die du führst, Raum und Weite haben, ihr bestes Potenzial zu entfalten. Dass du dir und ihnen erlaubst, Fehler zu machen – aber dass sie nicht die Macht haben, dich vom Weg abzubringen. Es braucht Frauen wie dich, die ihren Einflussbereich nutzen. Die einen starken Rücken und ein wildes Herz haben. Frauen, die weiblich leiten.

Deine Elisabeth Schoft

▶ Schau gern mal auf Instragram unter @leitenaufweiblich vorbei und sag Hallo!

ADRESSEN FÜR NETZWERKE UND WEITERBILDUNG

Young Professional Programme

Einige christliche Träger bieten Programme für »Young Professionals« an, die dich durch Seminare, Coachings oder Workshops in deiner Leitung unterstützen und dich mit anderen jungen Leitern vernetzen. Falls du mehr zu den jeweiligen Programmen wissen möchtest, schau dich doch mal hier um:

Faktor C: www.faktor-c.org/yp
IVCG: www.ivcg.org/young-professionals
SMD: www.smd.org/akademiker-smd/junge-akademiker/blickwechsel-angebote-fuer-berufseinsteiger
LeadNow: www.leadnow.events

Weitere Angebote

Gute Adressen, um die eigene Führungskompetenz zu stärken:

CampusWE – Netzwerk für Frauen, die leiten und Leben gestalten: www.campus-we.ch
We Work für berufstätige Mütter: www.campus-we.ch/we-work
Evacademy – Seminare für Frauen in Verantwortung: www.evacademy.de
More than pretty – Gedanken von Frauen, die leiten: www.morethanpretty.net
Akademie für christliche Führungskräfte (ACF): www.acf.de
Kongress Christlicher Führungskräfte (KCF): www.kcf.de
K5 Leitertraining (berufsbegleitend): www.k5-leitertraining.de
John Maxwell Leadership Training: www.johnmaxwellgrap.com

WEITERFÜHRENDE LITERATUR

Buchempfehlungen, von denen ich selbst beim Lesen profitiert habe. Für alle, die tiefer einsteigen wollen.

Amoruso, Sofia: #Girlboss, Portfolio/Penguin, London 2014.

Arends, Hans Jürgen/vom Ende, Michael: Führen durch Dienen – Perspektiven, Reflexionen und Erfahrungen zur Praxis von Servant Leadership, Erich Schmidt, Berlin 2020.

Arnold, Frank: Der beste Rat – Lernen von Schweizer Denkern und Machern, Midas Management, Zürich 2019.

Beach, Nancy: Die Kunst, als Frau zu leiten, Brunnen, Gießen 2008.

Berger, Jörg/Bylitza, Monika: Stachelige Persönlichkeiten im Business – Mit schwierigen Mitarbeitern, Kollegen und Vorgesetzten erfolgreich zusammenarbeiten, Francke, Marburg 2019.

Brown, Brené: Dare to lead – Brave Work. Tough Conversations. Whole Hearts, Vermilion/Penguin, London 2018.

Brown, Brené: Dare to lead – Führung wagen, Redline (war bei Drucklegung noch nicht erschienen)

Bylitza, Monika: Coaching to go – Denkimpulse für jeden Tag, Neukirchener, Neukirchen-Vluyn 2017.

Hagberg, Janet O: Real Power – Stages of Personal Power in Organizations, Sheffield, Salem/Wisconsin 2003[3].

Härry, Thomas: Von der Kunst, sich selbst zu führen, SCM R. Brockhaus, Witten 2015[8].

Härry, Thomas: Von der Kunst, andere zu führen, SCM R. Brockhaus, Witten 2015[3].

Houston, Brian: Live Love Lead – Your Best Is Yet To Come! Harper Collins, New York 2015.

Hybels, Bill: Mutig führen – Navigationshilfen für Leiter, Gerth, Asslar 2002.

Hybels, Bill: Die Kunst des Führens – Meine Führungsprinzipien auf den Punkt gebracht, Gerth, Asslar 2009.

Kerpen, Dave: The Art of People – The 11 Simple People Skills That Will Get You Everything You Want. Portfolio/Penguin, London 2016.

Knaths, Marion: Spiele mit der Macht – Wie Frauen sich durchsetzen, Pieper, München 2009.

Leman, Kevin/Pentak, William: Das Hirten-Prinzip – 7 Erfolgsrezepte guter Menschenführung, Goldmann, München 2010.

Liebelt, Markus: Was Macht mit Menschen macht – Offene und verborgene Machtfallen in christlichen Gemeinschaften, SCM R.Brockhaus, Holzgerlingen 2018.

Malik, Fredmund: Führen Leisten Leben – wirksames Management für eine neue Zeit, Campus, Frankfurt/Main 2013.

Malm, Markus: In Freiheit dienen – Leiten auf den Spuren Jesu, SCM R.Brockhaus, Holzgerlingen 2020.

Maxwell, John C.: Developing The Leader Within You, Thomas Nelson, Nashville 1993.

Maxwell, John C.: Developing The Leaders Around You, Thomas Nelson, Nashville 1995.

Maxwell, John C.: Leadership – Die 21 wichtigsten Führungsprinzipien, Brunnen, Gießen 2020[10].

Middelhoff, Thomas: Schuldig – Vom Scheitern und Wiederaufstehen, adeo, Asslar 2019.

Modler, Peter: Das Arroganz-Prinzip – So haben Frauen mehr Erfolg im Beruf, Fischer, Frankfurt/Main 2018.

Onaran, Tijen: Die Netzwerk-Bibel, Springer, Wiesbaden 2019.

Onaran, Tijen: Nur wer sichtbar ist, findet auch statt, Goldmann, München 2020.

Penno, Annette: Meine Happy-Listen – Finde heraus, was dich glücklich macht. SCM, Holzgerlingen 2019.

Schlittenbauer, Sonja: Burn Out, Manching 2020[2].

Schönheit, Sven: Menschen mit Format – Leiten lernen bei Jesus, Asaph, Lüdenscheid 2013.

Siegert, Artur: Die Kunst des Einflussnehmens – Wie du wirksam lebst und dein Umfeld prägst. SCM R.Brockhaus, Holzgerlingen 2019[2].

Sinek, Simon: Frag immer erst: Warum? – Wie Topfirmen und Führungskräfte zum Erfolg inspirieren, Redline, München 2014.

Sinek, Simon: Leaders Eat Last – Why some teams pull together and others don't, Portfolio/Penguin, 2014.

Stabile, Suszanne/Morgan Cron, Ian: Wer du bist – Mit dem Enneagramm sich selbst und andere besser verstehen, Gerth, Asslar 2017.
Stanley, Andy: Next Generation Leader – Was man wissen muss, wenn man Zukunft gestalten will, Brunnen, Gießen 2007.
Thomas, Carmen: Reakztanz – Blindwiderstand erkennen und umnutzen, 7 Schlüssel für ein besseres Miteinander, adeo, Asslar 2020[2].

Kalender

Ein guter Plan, Ein guter Verlag, Berlin 2019.

Podcast

Groeschel, Craig: Craig Groeschel Leadership Podcast. Life Church.
Brown, Brené: Dare To Lead with Brené Brown
Campus We: Raise Your Voice
ICF München: Tobias Teichen – Leadership Podcast
Lothar Krauss: Der Leiterpodcast

Zeitschriften

Go – take the lead, IVCG Publikationen, Suhr, www.gomagazin.ch
Neue Narrative, NN Publishing GmbH, Berlin, www.neuenarrative.de

DANKE

Widmungen und Danksagungen – beide lese ich in Büchern immer sehr bewusst. Denn es ist ein besonderer Raum der Wertschätzung für die Unterstützerinnen, Ermutigerinnen, Anfeuerinnen und Möglichmacherinnen, ohne die so ein Buchprojekt nicht entstehen würde. »Um ein Kind zu erziehen, braucht man ein ganzes Dorf«, heißt es im afrikanischen Volksmund. Ich weiß nun, dass dies auch bei der Entstehung von Büchern der Fall ist. Im SZ Magazin bin ich auf das wunderbare finnische Wort »talkoot« aufmerksam geworden. Es bedeutet wörtlich übersetzt »Gemeinschaftsarbeit«: »Talkoot ist, wenn man zusammen etwas schafft, zu dem man alleine nicht in der Lage wäre. Ein Haus bauen zum Beispiel. Oder eine Pandemie bekämpfen. Auf jeden Fall etwas zum Wohle vieler machen, freiwillig natürlich.« Ich möchte ergänzen: ein Buch schreiben.
Bewusst oder gänzlich unbewusst sind Frauen und Männer Teil meiner Talkoot-Gruppe, die mich schon länger begleiten, deren Meinung mir wichtig ist und die mich herausfordern zu wachsen.

Doch zunächst möchte ich *allen beteiligten Interviewpartnerinnen und -partnern sowie Autorinnen* danken, die mich in diesem Buchprojekt mit ihren Gedanken, ihrer Zeit und ihrer Erfahrung unterstützt haben. Ohne euer und Ihr Investment und Vertrauen in mich und dieses Buchprojekt wäre das alles nicht möglich gewesen. Von Herzen danke!

Mein Herzensmensch Michael J. Ingold: Du warst mir die größte Hilfe in diesem Schreibprozess. Mit dir habe ich die ersten Ideen zum Buch auf Korsika in den Sand geschrieben – und als du gemerkt hast, dass ich es damit ernst meine, warst du Feuer und Flamme: Du hast mich beim Schreiben unterstützt, immer an mich geglaubt und jede Träne und jeden Zweifel ausgehalten, die sich unterwegs bei mir eingeschlichen haben. Du bist mein Held, mein Schal, mein alles.

Aragon: Du bist der beste Writers-Support-Dog, den man sich wünschen kann. Du warst immer zur Stelle und beim Schreiben dabei: Hast mir morgens die Füße gewärmt, mich beim Spazierengehen abgelenkt und dich abends an mich gekuschelt. Du treue Seele!

Meine Eltern Edelgard und Andreas: Ihr seid meine Helden! Danke, dass ihr mich immer unterstützt. Ihr habt euch schon immer für meine Themen interessiert, mitgedacht, mitdiskutiert. Ihr habt mein Scheitern erlebt und geglaubt, dass ich es trotzdem schaffen kann. Danke, dass ihr mir beigebracht habt, bei Herausforderungen nicht aufzugeben, sondern immer das Beste zu geben. Danke für eure Kritik, eure Stärke und euren Mut, jede Meile (und Zeile) mit mir mitzugehen. Für immer dankbar, euer Julchen.

Rebecca Boakye: Danke für die vielen Telefonate, den immer inspirierenden Austausch, deine Ermutigungen, dein Mitdenken, deine Hilfe und Freundschaft. Ich weiß, dass aus dir eine wundervolle Leiterin wird, die mit Eleganz, Verletzlichkeit und Mut ihre Welt verändern wird.

Anne Helke: Ich hätte niemals gedacht, dass Arbeit und Freundschaft so wunderbar miteinander harmonieren. Wie froh bin ich, dass wir beides zusammen erleben dürfen! Danke für jeden Input, Küchengespräche und Kaffeedates, jede Nachfrage und deine Begeisterung für das Thema. Ich habe erleben dürfen, wie du mutig deinen Platz als Leiterin einnimmst, und bin auf diesem Weg dein größter Cheerleader! Rise & shine!

Mirjam & Christoph Fischer: Für euren Support im Gebet, eure Nachfragen und Ermutigungen bin ich euch ewig dankbar. Ihr wisst, dass Bücherschreiben auch Kampf auf einer geistlichen Ebene bedeutet. Danke, dass ihr für mich und dieses Buch eingestanden seid. Wie froh bin ich, dass wir uns kennengelernt haben!

Anja Wildemann: Du warst und bist eine große Inspiration für mich. Du hast mir schon immer vorgelebt, wie entspannte und geistgeleitete Führung aussehen kann. Danke für dein Feedback, dein Vorbild und deine Freundschaft!

Rebecca Krämer & René Graf: Danke, dass ihr euch von mir führen lasst. Danke für eure Loyalität, euren unermüdlichen Einsatz und den Spaß, den wir miteinander haben. Ihr seid das beste Team, das ich mir hätte wünschen können!

Meine Chefs André Bégert und Dominik Klenk: Danke, dass ihr euch auf dieses Abenteuer mit mir eingelassen habt. Danke, dass ich von euch lernen und mit euch wachsen darf.

Christina Nitsche und dem Neukirchener Verlag sowie meiner Lektorin Anja Schäfer: Für euren großen Vertrauensvorschuss bin ich so dankbar! Danke für euren Invest, eure Geduld, eure Feedbacks. Anja, deine Korrekturen und durchdachten Anmerkungen haben dieses Buch so viel besser gemacht – von Herzen danke! Danke auch an Christina, dass du mir ein Vorbild in unserer Branche warst und an mich und das Projekt geglaubt hast!

Freunde & Familie – besonders Gunnar Berthold, Nelli Bangert, Natascha, Thorsten und Jannes Emrich: Danke für jede nette E-Mail, Sprachnachricht, euer Verständnis und das Emrich-Durchhalte-Carepaket! Ich bin dankbar, mit euch durchs Leben zu gehen.

Dieses Buch wäre ohne göttliches Zutun nicht möglich geworden. Ich bin meinem Gott so dankbar, dass er mir diese Idee anvertraut hat, Türen geöffnet und Gelingen geschenkt hat. Wenn meine eigene Kraft nicht mehr reichte, hat er mir seinen Heiligen Geist geschenkt, der mir leise zusicherte: »Nimm meine Kraft, wenn deine nicht mehr reicht.«
In den frühen Morgenstunden am Schreibtisch habe ich Parallelen zwischen dem Glauben und der Kreativität erkannt: Um beides zu (er-)leben, braucht es nicht nur Gefühl, sondern auch Disziplin und Ausdauer. Dir will ich immer dienen, mein Gott.